_____드림

요리가 간편해지는

만능유아식
레시피

요리가 간편해지는

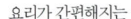
만능 유아식
레시피

초판 1쇄 발행 2016년 3월 31일
초판 3쇄 발행 2016년 10월 7일

지은이 김주연

발행인 장상진
발행처 경향미디어
등록번호 제313-2002-477호
등록일자 2002년 1월 31일

주소 서울시 영등포구 양평동 2가 37-1번지 동아프라임밸리 507-508호
전화 1644-5613 | **팩스** 02) 304-5613

ⓒ 김주연

ISBN 978-89-6518-173-6 14590
　　　 978-89-6518-130-9(SET)

요리가 간편해지는
만능 유아식
레시피

김주연 지음

경향미디어

결혼하기 전까지는 요리를 해 본 적이 없었던 터라 결혼을 하고나서 처음 주방에 섰을 때 제 마음대로 되는 게 거의 없었지요. 아기의 첫 이유식 만드는 일도 너무 어려워서 쩔쩔매야 했고요. 그러던 제가 어느새 두 번째 요리책을 내게 되었습니다. 유아식 책을 계속 낼 수 있게 된 건 밥을 너무 안 먹는 아이를 어떻게든 먹여야겠다는 강한 의지 덕분입니다.

　저희 아이는 입이 짧아서 먹는 것이 별로 없고 편식이 심했습니다. 그런 아이의 입맛을 사로잡기 위해서는 더 많은 노력과 정성이 필요했지요. 요리도 못하던 엄마가 입맛 까다로운 아이를 만났으니, 그간의 눈물겨운 시간들은 말로 다 설명하기 부족할 정도입니다. 정말 밥 안 먹는 아이와 울며불며 힘겨운 노력들을 해 왔습니다.

　그런 노력의 결과로 아이는 편식하는 게 거의 없이 밥을 잘 먹는 아이로 거듭났고, 아파서 병원에 갈 일이 없을 정도로 건강하게 자라고 있습니다. 5살이 된 지금까지 감기 한 번 걸리지 않는 걸 보며 건강한 엄마표 집밥의 중요성을 절실히 깨닫고 있습니다.

　어릴 때 입맛이 평생의 입맛과 건강을 좌우한다는 생각에 저는 오늘도 즐거운 마음으로 아이의 건강한 식사를 준비합니다. 엄마가 노력하는 만큼 아이의 입맛도 바뀌고 편식도 고칠 수 있다는 걸 깨달았기 때문입니다.

　지금 잘 먹지 않는다고 그 재료를 식단에서 아예 빼 버린다면 아이는 편식을 고칠 기회를 영영 잃게 됩니다. 편식은 나이가 들수록 더 고치기 힘듭니다. 안 먹는 음식을 억지로 먹이는 게 쉽지는 않지만, 새로운 조리법과 양념으로 계속 변화를 주며 식단에 꾸준히 올리는 노력을 해야 합니다. 그러다 보면 아이의 식습관은 분명 달라집니다.

　사실 초보 엄마에게는 아이 식사를 준비하는 일이 어른 식사를 준비하는 것보다 더 힘들게 느껴집니다. 아이의 입맛을 사로잡으면서 양념이나 간은 과하지 않은 저염 식단을 차려야 하니까요. 양념을 많이 사용하지 않으면서 맛을 낸다는 건 초보 엄마들에게 어려운 일일 수밖에 없습니다.

　초보엄마에 초보주부, 게다가 밥을 지독하게 안 먹던 아이의 엄마로서 제게 필요한 건 간단하면서도 양념을 많이 쓰지 않아 재료 본연의 맛을 살린 메뉴였습니다. 그래서 매일 새로운 재료와 조리법을 시도하며 아이가 좋아하는 건강한 식단을 연구하고 고민했습니다. 그렇게 저희 아이의 입맛을 사로잡을 수 있었던 메뉴들을 하나둘씩 블로그에 올려 왔고, 아이의 먹을거리 때문에 고민이 많은 엄마들과 공감을 나누고 있습니다.

　이 책은 4가지 유아용 양념, 즉 유아용 만능육수, 유아용 간장양념, 유아용 소고기 밑간양념, 유아용 토마토소스 & 크림소스를 테마로 해서 아이들이 좋아할 만한 메뉴들로 구성하였습니다. 양념을 최대한 적게 사용한 저염 식단이면서도 맛있게 먹을 수 있는 한 그릇 요리와 반찬, 간식 들을 제안하였습니다.

　기본적인 유아용 양념 만드는 법을 익혀 두면 다양한 유아식 요리에 활용할 수 있습니다. 순하고 자극적이지 않은 레시피라서 조금 특별한 유아식을 준비하고 싶을 때는 만능 유아식 양념들을 활용하여 자신만의 새로운 레시피 개발도 가능합니다. 각각의 양념은 미리 만들어 두어도 좋지만 그때그때 빠르게 만들어 사용할 수도 있으니 엄마들의 라이프스타일에 따라 사용하면 됩니다.

　최대한 쉽고 간단하게 만들 수 있도록 계량 방법도 밥숟가락과 티스푼을 사용하였고, 재료도 냉장고에 늘 있을 법한 것들을 사용하는 레시피를 담고자 노력했습니다. 또한 유아식에 몇 가지 재료만 더하면 엄마 아빠가 함께 먹을 수 있는 요리팁을 실어 초보엄마들이 유아식과 어른 식사를 따로따로 준비하는 어려움에서 벗어나 조금이나마 편해지길 바라는 마음을 담았습니다.

김주연

*아기 연령과 씹는 정도에 따라서 재료의 크기와 간은 조절할 수 있습니다.
*계량은 밥숟가락과 티스푼으로 했습니다. 1큰술은 밥숟가락, 1작은술은 티스푼입니다. 1컵은 약 200ml입니다. 액체
　계량은 이유식 용기를 써도 좋습니다. (종이컵은 약 180ml입니다.)
*만약 레시피에서 제시한 재료가 없다면 생략하거나 다른 걸로 대체해도 됩니다.

contents
차례

PART 01

유아용 만능육수

PART 02

유아용 간장양념

유아용 만능육수 만들기

유아식의 간은 최대한 늦게 하는 것이 좋습니다. 다양한 육수를 사용하면 간을 하지 않아도 음식의 감칠맛을 살려서 맛을 낼 수 있습니다. 밥을 잘 먹지 않는 아기들도 소금 간 대신 다양한 육수로 요리를 하면 아이의 입맛을 사로잡는 데 도움이 됩니다.

유아용 만능육수는 한꺼번에 많이 만들어서 냉장보관 혹은 냉동보관해서 사용하실 수 있습니다. 미리 만들어 둔 게 없으면 그때그때 있는 재료들을 이용해서 만들어서 사용하세요. 만약 레시피에 없는 재료가 있다면 생략하거나 다른 걸로 대체해도 됩니다.

소고기육수   멸치다시마육수   닭고기육수

멸치다시마육수

재료

국물용 멸치 6마리, 다시마 3×4cm 2장, 건새우 한 줌, 무 조금, 물 5컵

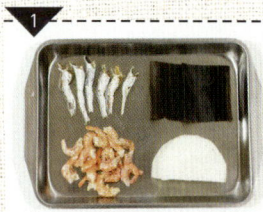

1. 멸치는 머리와 내장을 제거하고 나머지 재료는 깨끗하게 씻어 손질한다.

2. 물을 붓고 재료들을 넣어 센 불에서 끓인다.

3. 끓기 시작하면 다시마를 먼저 건져낸 뒤 약한 불로 줄여 끓인다.

소고기육수

재료

소고기 100g, 양파 1/4개, 대파 5cm, 물 6컵

소고기는 물에 담가 핏물을 뺀다.

냄비에 물과 재료를 넣고 센 불에서 끓인다.

끓기 시작하면 약한 불로 줄여 30분~1시간 정도 끓인다. 끓는 중간중간 거품을 걷어 낸다.

tip

소고기의 핏물은 너무 오래 빼지 않도록 합니다.
육수용 소고기는 양지, 사태를 주로 사용하지만 그밖에 다른 부위도 괜찮습니다.
다 끓인 육수는 면보에 밭쳐 국물만 냉장고에 넣어 둡니다. 식은 뒤에 육수 위에 하얗게 굳은 기름기는 제거한 뒤에 사용합니다.
개월 수가 높은 아이들은 통마늘을 넣고 함께 끓여도 좋습니다. 갓 유아식을 시작한 아기는 고기로만 육수를 내다가 양파→대파→마늘 순으로 재료를 점차 늘려 보세요.

닭고기육수

재료

닭 100g, 양파 1/4개, 대파 5cm, 물 6컵

닭고기는 깨끗하게 씻고 지방을 제거한다. 양파와 대파는 깨끗이 씻어 손질한다.

냄비에 물과 재료를 넣고 센 불에서 끓인다.

끓기 시작하면 약한 불로 줄이고 30분 정도 끓인다. 떠오르는 거품은 걷어 낸다.

tip

닭고기는 가슴살, 안심, 닭다리 등 어떤 부위든 괜찮습니다.
마늘 1개, 대추 1개, 황기 5cm를 함께 넣고 끓이면 아이들을 위한 삼계탕 요리가 됩니다. 단 너무 어린 개월 수의 아기에게는 적합하지 않습니다. 첫 유아식을 하는 아기는 닭고기만 넣고 육수를 끓이다가 양파→대파→마늘 순으로 점차 재료를 늘려 보세요.

유아용 간장양념을 만들어 두면 다양한 유아식 요리에 활용할 수 있습니다. 아이 밥에 처음으로 간을 할 때는 소금으로 하기보다 간장양념으로 하면 자극적이지 않으면서도 아이의 입맛을 사로잡는 유아식을 만들 수 있습니다.

감자조림, 메추리알조림, 연근조림 등 유아용 조림반찬을 만들 때는 처음부터 간장을 넣고 졸이지 말고 간장양념을 마지막에 넣으면 덜 짜게 만들 수 있습니다.

본 양념은 유아식 레시피에 한 번 사용하는 분량으로 바로 만들어서 사용할 수 있습니다. 설탕 대신 물엿이나 올리고당, 조청 등을 사용해도 됩니다. 입맛과 아이 연령에 따라 양념 양을 가감하면 좋습니다.

간장 1큰술, 물 1큰술, 설탕 1작은술을 잘 섞어 준다.

영·유아기에는 성장 발달을 위해 소고기를 충분히 섭취해야 합니다.

다짐육 밑간양념을 이용하여 아이가 좋아하는 요리에 활용해 보세요. 요리도 간단해지고 아이 입맛에 맞는 다양한 소고기 요리를 만들 수 있습니다.

소고기는 덩어리를 구입해서 직접 다지는 것이 좋지만 다짐육으로 구입해도 괜찮습니다.

본 레시피는 유아식 레시피에 한 번 사용하는 분량으로 다진 소고기 40g입니다. 설탕 대신 물엿이나 올리고당, 조청 등을 사용해도 됩니다. 소고기 밑간 외에 간은 생략했으니 필요한 경우 간장이나 소금 간을 추가하면 됩니다. 유아용으로 자극적이지 않은 양념이며, 개월 수가 높은 아이들은 다진 마늘 1/2작은술을 첨가해도 좋습니다.

소고기 핏물 제거하기

소고기 핏물은 제거해도 좋고 그냥 써도 좋습니다. 하지만 아기반찬을 만들 때는 누린내도 없애고 불순물도 씻어내기 위해 가볍게라도 핏물 제거를 해 주세요. 키친타월로 눌러 주거나 물에 잠시 담가 핏물을 뺍니다. 특히 다짐육을 구입한 경우에는 분쇄 과정을 모르니 물에 가볍게 헹구는 정도로 씻어 주는 것이 좋아요.

다진 소고기 40g, 간장 1작은술, 설탕 1작은술, 참기름 1작은술을 잘 섞어 준다.

유아용 토마토소스 & 크림소스 만들기

별식으로 먹을 수 있는 토마토소스와 크림소스 요리를 엄마표로 직접 만들어 주세요. 자극적이지 않은 유아용 토마토소스와 크림소스로 다양한 엄마표 건강 요리를 만들 수 있습니다.

토마토소스는 생토마토와 양파만으로, 크림소스는 우유와 아기 치즈만으로 간단하게 만들어 아이 입맛에 맞게 자극적이지 않은 소스를 만들 수 있습니다.

토마토소스는 미리 만들어 두고 사용해도 되지만 토마토만 있다면 그때그때 바로 만들어 사용할 수 있습니다. 레시피에 사용하는 토마토소스는 약 70g이며 방울토마토 7개를 사용한 분량입니다. 크림소스는 조리 과정에서 바로 만듭니다.

유아용 토마토소스

재료(70g 분량)
방울토마토 7개, 다진 양파 한 줌, 기름 조금

토마토는 칼집을 내서 끓는 물에 살짝 데치거나 뜨거운 물에 잠시 담근다.

토마토를 건져 껍질을 벗긴 다음 작게 썬다.

팬에 기름을 두르고 다진 양파를 볶다가 토마토를 넣고 걸쭉해질 때까지 익힌다.

유아용 크림소스

재료
우유 1/2~1컵, 아기 치즈 1장

우유를 넣고 끓이다가 치즈를 올려 녹을 때까지 저어 준다.
(조리 과정에서 바로 만든다.)

유아용
만능육수

다양한 육수를 사용하면 간을 하지 않아도
음식의 감칠맛을 살려서 맛을 낼 수 있습니다.
소금 간 대신 다양한 육수로 요리를 하면
아이의 입맛을 사로잡을 수 있습니다.

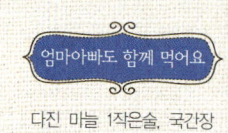

엄마아빠도 함께 먹어요

다진 마늘 1작은술, 국간장
1큰술, 소금 간을 해 주세요.

달걀죽

재료
달걀 1개
버섯 한 줌
양파 한 줌
멸치다시마육수
2+1/2컵(500㎖)
아기밥 1공기
참기름 1/2큰술

1 달걀은 풀고 버섯과 양파는 다진다.

2 육수에 밥을 넣고 끓인다.

3 죽이 끓으면 버섯과 양파를 넣는다.

4 밥이 퍼졌을 때 달걀을 원을 그리듯 넣고 가볍게 젓는다.

5 마지막에 참기름 1/2큰술을 넣고 저어 준다.

tip

달걀을 푼 다음에 마구 휘저으면
죽이 탁해져요. 달걀물을 원을 그
리며 살살 넣은 뒤 잠시 익기를 기
다렸다가 두세 번 가볍게 저어 주
세요.

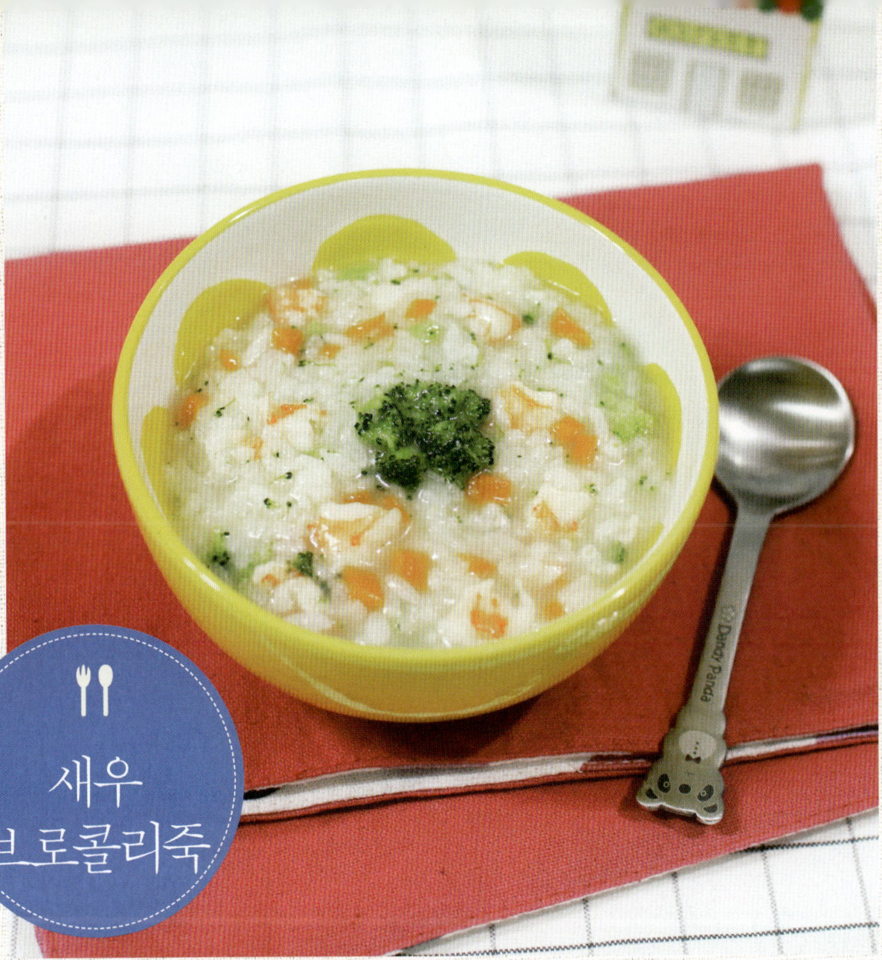

새우 브로콜리죽

재료

대하 3~4마리
브로콜리 한 줌
당근 한 줌
쌀 1/2컵
멸치다시마육수 3컵

1

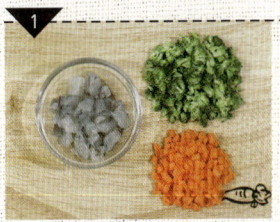

브로콜리와 당근은 다지고, 새우는 껍질을 벗겨 내장을 제거한 뒤 1cm 크기로 자른다.

2

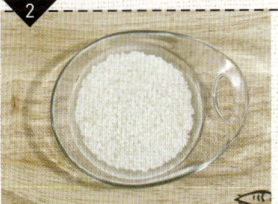

쌀은 30분 이상 불린 후 체에 밭쳐 물기를 뺀다.

3

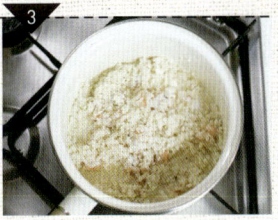

참기름을 두르고 쌀을 먼저 볶다가 새우를 넣어 함께 볶는다.

4

육수를 넣고 센 불에서 끓인다.

5

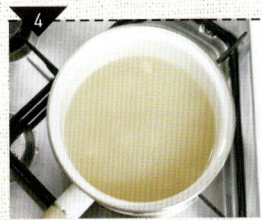

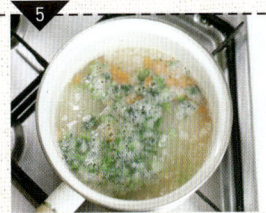

브로콜리와 당근을 넣고 약한 불에서 푹 끓인다.

된장 시금치죽

재료
시금치 50g
자투리 채소 한 줌
쌀 1/2컵
멸치다시마육수 3컵
된장 1/2큰술
참기름 1큰술

1. 시금치는 끓는 물에 데쳐 찬물에 헹군 후 물기를 짠다.

2. 시금치와 채소는 잘게 다진다.

3. 쌀은 30분 이상 불린 뒤 물기를 제거하고 참기름을 넣어 볶는다.

4. 육수를 넣고 끓이다가 쌀이 퍼지면 채소를 넣는다.

5. 약한 불로 줄여 된장을 풀고 마지막에 데친 시금치를 넣는다.

tip
된장은 물 1큰술에 섞어서 된장물을 만들어 넣으면 편해요. 된장의 양은 기호에 따라 가감하세요.

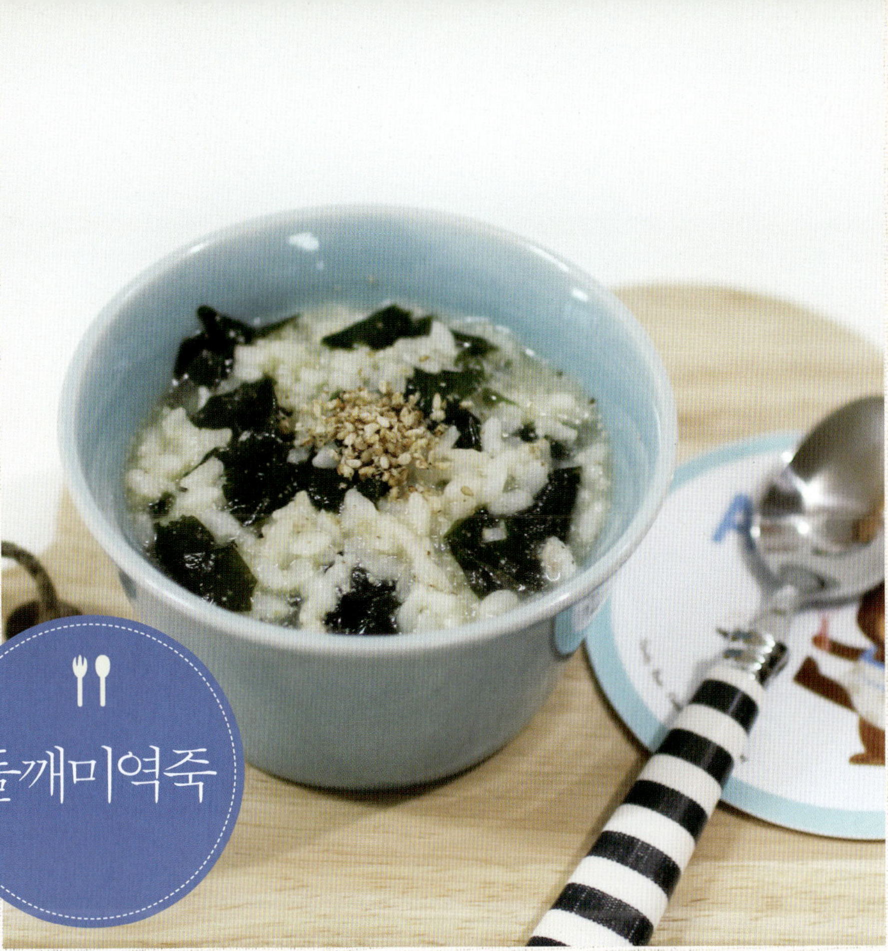

들깨미역죽

재료
미역 50g
멸치다시마육수 2+1/2컵(500ml)
아기밥 1공기
참기름 1큰술
들깨가루 2큰술

미역은 물에 불린 후 물기를 꼭 짜고 작게 자른다.

참기름을 두르고 미역을 볶는다.

육수를 붓고 밥을 넣어 센 불에서 끓인다.

약한 불로 줄여 밥이 퍼질 때까지 끓이다가 마지막에 들깨가루를 넣는다.

소고기 야채죽

재료
다진 소고기 50g
호박 한 줌
당근 한 줌
버섯 한 줌
쌀 1/2컵
멸치다시마육수 3컵
참기름 1큰술

1. 소고기는 핏물을 빼고 채소는 잘게 다진다.

2. 쌀은 30분 이상 불린 후 체에 밭쳐 물기를 뺀다.

3. 참기름을 넣고 쌀이 투명해질 때까지 볶는다.

4. 소고기를 넣고 함께 볶는다.

5. 육수를 붓고 센 불에서 끓이다가 채소를 넣고 약한 불에서 끓인다.

tip
기호에 따라 마지막에 국간장을 조금 넣어도 좋아요.

재료
매생이 30g
굴 30g
쌀 1/2컵
멸치다시마육수
2+1/2컵(500ml)
참기름 1큰술

매생이
굴죽

1 매생이와 굴은 깨끗하게 씻은 뒤 먹기 좋은 크기로 썬다.

2 쌀은 30분 이상 불린 뒤 물기를 제거하고 참기름을 넣어 볶는다.

3 쌀이 투명해지면 굴을 넣고 함께 볶는다.

4 육수를 넣고 센 불에서 끓이다가 서서히 약한 불로 줄인다.

5 마지막에 매생이를 넣고 저어 준다.

tip
굴은 소금물에 넣고 가볍게 흔들어 씻습니다. 껍데기나 기타 이물질이 나올 수 있으니 아기가 먹는 건 더 꼼꼼히 씻어 주세요.

닭죽

재료
찹쌀 1/2컵
닭고기 50g
닭고기육수 2+1/2컵(500ml)

1. 찹쌀은 30분 이상 불린 후 채에 밭쳐 물기를 뺀다.

2. 닭고기는 먹기 좋게 찢는다.

3. 육수에 찹쌀을 넣고 끓이다가 서서히 약한 불로 줄인다.

4. 마지막에 닭고기를 넣는다. 필요한 경우 소금 간을 한다.

tip

찹쌀이 없으면 멥쌀도 괜찮고, 반씩 섞는 것도 좋습니다. 끓이는 과정에서 눌어붙을 수 있으니 저으면서 끓여 주세요.

닭고기 달걀덮밥

재료
닭가슴살 40g
달걀 1개
양파 한 줌
멸치다시마육수(또는
닭고기육수) 1/2컵
간장 1작은술
설탕 1작은술
기름 조금

1 달걀은 풀고, 닭고기는 1cm 크기로 잘라 우유에 담가 둔다.

2 기름을 살짝 두르고 닭가슴살과 양파를 볶는다.

3 육수를 붓고 간장 1작은술과 설탕 1작은술을 넣는다.

4 약한 불로 줄여 달걀을 원을 그리듯이 살살 붓는다.

5 달걀이 익기를 기다렸다가 가볍게 젓는다. 불을 끄고 밥 위에 얹는다.

tip
닭가슴살은 깨끗하게 씻은 뒤 우유에 담가 두면 잡내가 없어지고 육질도 부드러워져요.

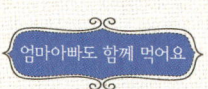

엄마아빠도 함께 먹어요

다진 마늘 1작은술, 대파, 청
양고추를 넣고 국간장이나
소금으로 간을 맞추세요.

김치순두부 덮밥

재료
순두부 1/2모
씻은 김치 한 줌
양파 한 줌
멸치다시마육수 1/2컵
들기름(또는 참기름) 1/2큰술

1 물에 씻은 김치와 양파를 잘게 다
진다.

2 순두부는 반으로 자른다.

3 들기름(또는 참기름)을 조금 두르고
김치와 양파를 볶는다.

4 육수를 붓고 순두부를 넣어 한소끔
끓인다.

tip

순두부는 비닐 포장이 된 채로 칼
로 반을 잘라서 사용하세요. 그
래야 두부가 으깨지지 않고 깔끔
한 요리가 됩니다. 순두부는 자른
모양 그대로 통째로 넣고 끓이면
서 자연스럽게 부서지도록 해 주
세요.

게살양배추 덮밥

재료
게살 한 움큼(30g)
양배추 한 줌
팽이버섯 한 줌
멸치다시마육수 1/2컵

전분물
전분 1/2큰술
물 2큰술

게살과 양배추, 팽이버섯은 1cm 크기로 자른다.

양배추와 버섯을 볶다가 게살을 넣고 함께 볶는다.

육수를 넣고 끓인다.

약한 불로 줄여 전분물을 붓고 걸쭉하게 되면 불을 끈다.

tip
양배추와 게살은 오래 끓이면 푹 퍼지고 맛이 없어요. 단시간에 빨리 볶고 끓입니다.
간이 필요할 경우에는 간장 1작은술을 넣어 주세요.

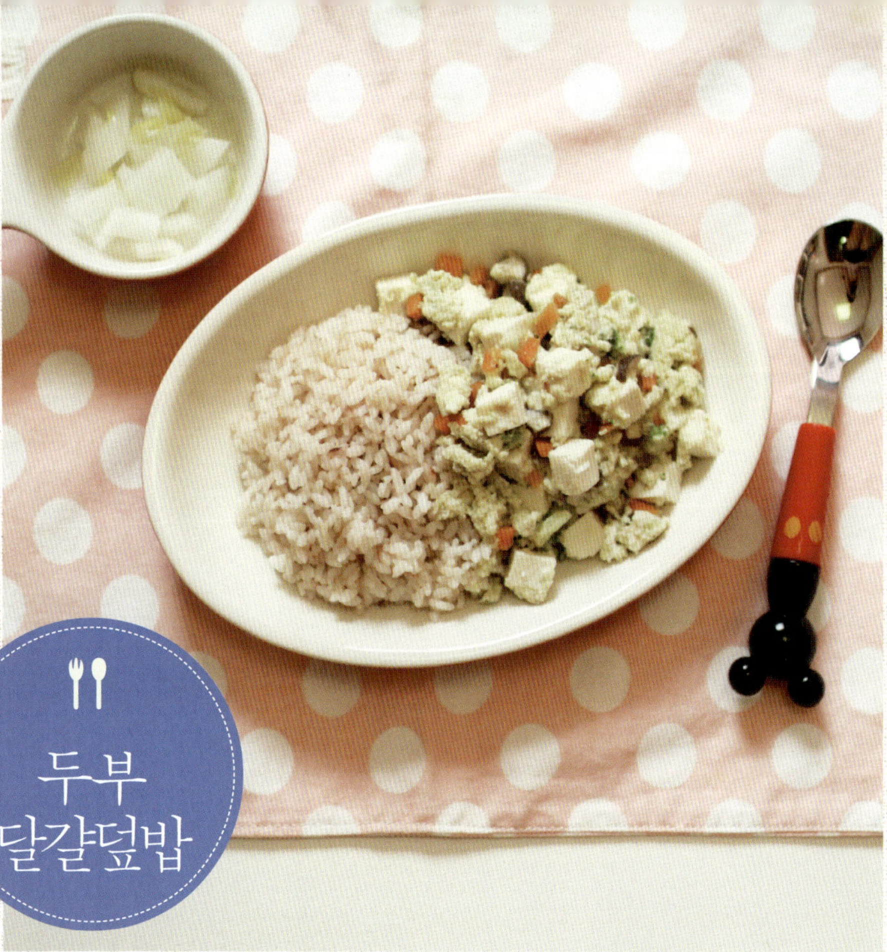

두부 달걀덮밥

재료

두부 1/4모(70g)
자투리 채소(당근, 브로콜리, 버섯 등) 2~3가지

달걀물

달걀 1개
우유 2큰술
멸치다시마육수 50ml
소금 조금

1

두부는 1cm 크기로 깍둑썰기 한다.

2

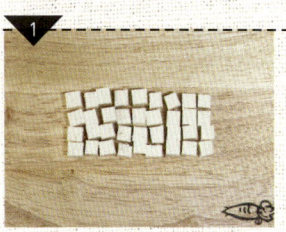

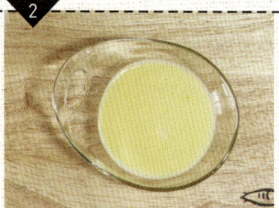

달걀에 우유 2큰술, 육수 50ml를 넣고 잘 풀어 준다.

3

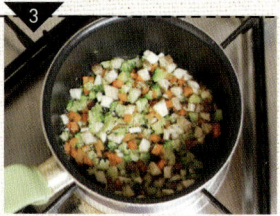

작게 썬 채소들을 냄비에 넣고 물을 떠 넣으며 가볍게 볶는다.

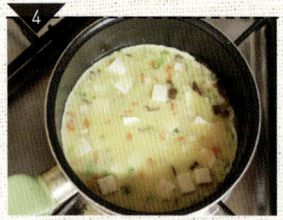

4

두부와 달걀물을 붓는다.

5

뚜껑을 닫고 약한 불로 줄여 3분 정도 기다린다.

6

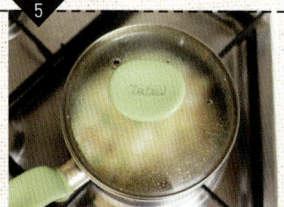

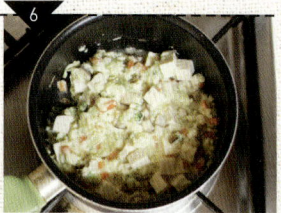

가볍게 저어 준 뒤 불을 끄고 밥 위에 얹는다.

누룽지탕

재료
누룽지 70g
새우 2~3마리
닭고기육수 2+1/2컵(500ml)
청경채 1개
버섯 한 줌
국간장 1/2큰술

1. 누룽지는 큼직하게 자른다.

2. 새우는 껍질을 벗겨 내장을 제거한다. 새우, 청경채, 버섯은 1cm 크기로 썬다.

3. 닭고기육수에 새우→버섯→청경채 줄기 순으로 넣고 끓인다.

4. 누룽지와 청경채 이파리를 넣고 빨리 끓인 후 불을 끈다. 기호에 따라 국간장으로 간한다.

tip

누룽지는 팬을 이용해서 쉽게 만들 수 있어요. 팬에 기름 없이 밥을 얇게 펼쳐서 약한 불에서 앞뒤로 굽습니다. 주걱에 물을 묻혀서 눌러 주면 편합니다.
누룽지탕은 빨리 끓여 내야 퍼지지 않고 맛있어요. 누룽지를 넣은 후 한소끔 끓어오르면 바로 불을 꺼 주세요.

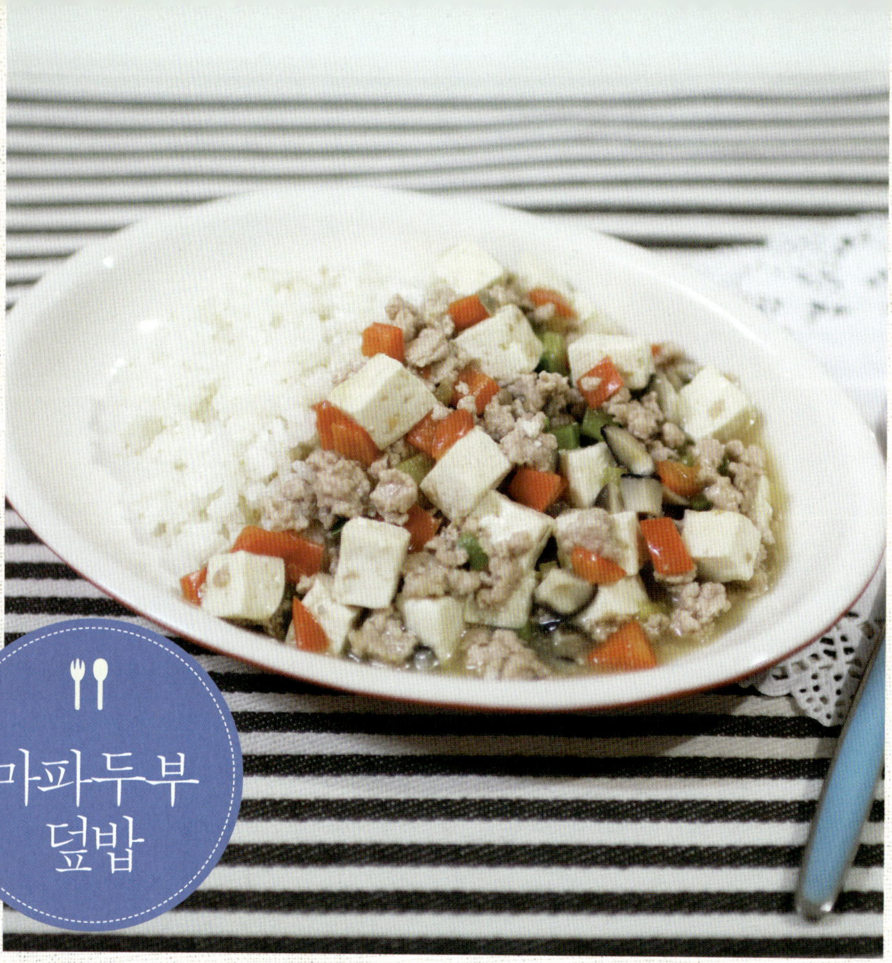

마파두부 덮밥

재료
다진 돼지고기 40g
두부 1/4모
멸치다시마육수 1/2컵
호박 한 줌
버섯 한 줌
파프리카 한 줌

양념
간장 1작은술
된장 1작은술
물 1큰술

전분물
전분 1/2큰술
물 2큰술

1

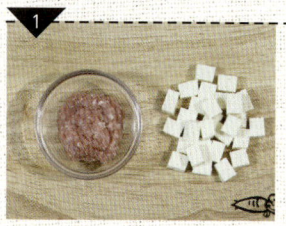

다진 돼지고기를 준비하고 두부는 1cm 크기로 깍둑썰기 한다.

2

채소는 잘게 다진다.

3

소스를 만든다.

4

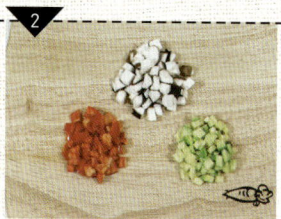

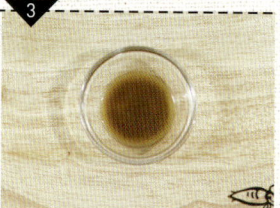

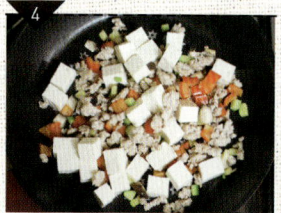

팬에 돼지고기→채소→두부 순서로 넣고 볶는다.

5

육수와 소스를 넣고 끓인다.

6

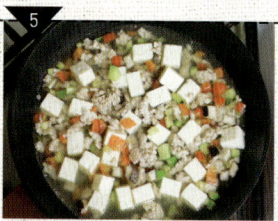

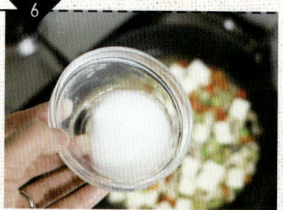

전분물을 넣고 걸쭉해질 때까지 젓는다.

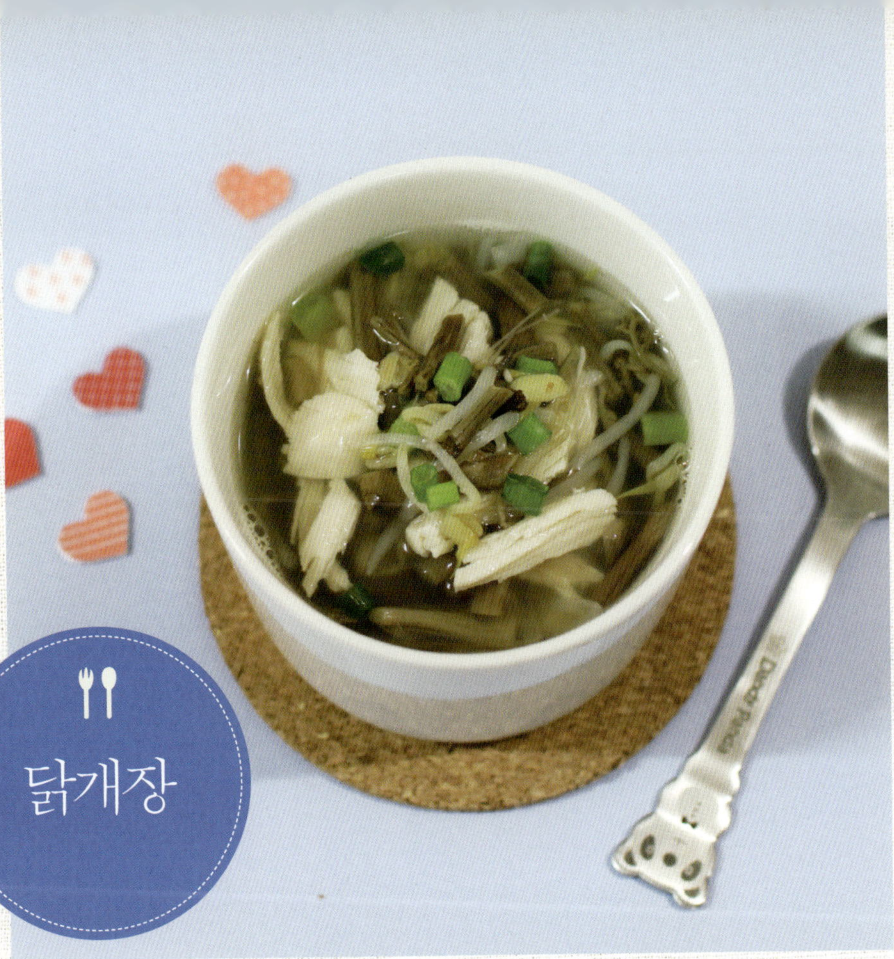

닭개장

엄마아빠도 함께 먹어요

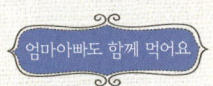

고추기름과 고춧가루를 넣어 얼큰하게 먹어요.

재료

삶은 닭고기 50g
닭고기육수 2+1/2컵(500ml)
삶은 고사리 한 줌
데친 숙주 한 줌
쪽파 조금

양념

다진 마늘 1/2작은술
국간장 2작은술
참기름 1작은술

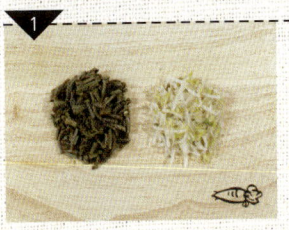

1

고사리는 삶고 숙주는 데친 뒤 1.5cm 크기로 썬다.

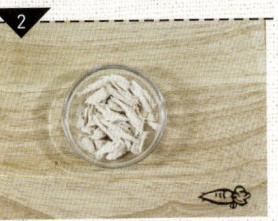

2

육수를 끓이고 남은 닭은 먹기 좋은 크기로 자른다.

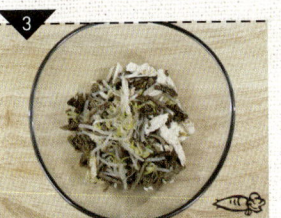

3

닭고기와 고사리, 숙주를 한곳에 담고 양념을 넣어 조물조물 무친다.

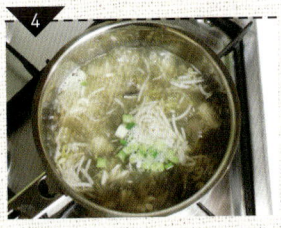

4

육수에 재료를 모두 넣고 끓인다. 마지막에 쪽파를 썰어 넣는다.

tip

고사리 삶는 법

고사리는 물에 푹 잠기게 해서 센 불에서 끓이다가 약한 불로 줄여 천천히 오래 삶아 주세요. 손으로 만졌을 때 부드러운 정도면 됩니다. 불을 끄고 물에 담긴 상태로 잠시 두면 씁쓸한 맛을 제거할 수 있습니다.

숙주 데치는 법

끓는 물에 넣고 2~3분 정도 데친 뒤 체에 밭쳐 찬물에 빠르게 헹궈 줍니다.

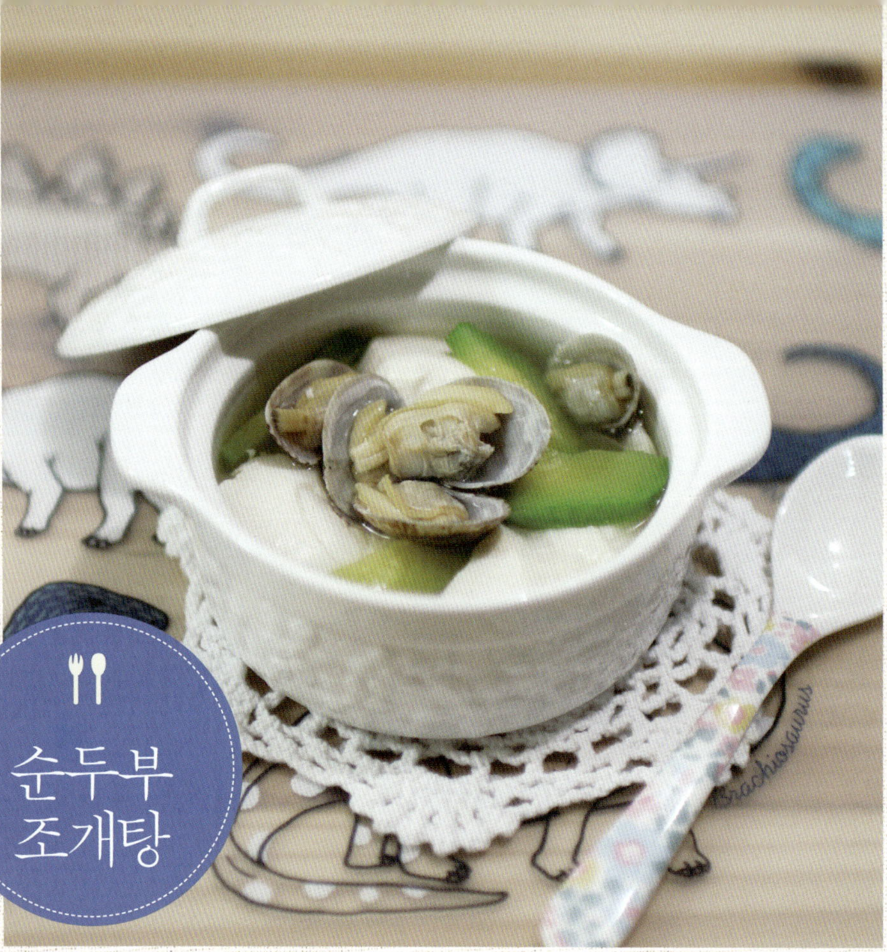

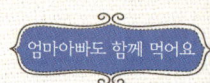

순두부 조개탕

엄마아빠도 함께 먹어요

다진 마늘 1작은술과 청양고추를 조금 넣고 국간장과 소금으로 간을 맞추세요.

재료

순두부 1/2봉지
조개(바지락) 100g
멸치다시마육수 3컵
호박 1/4개

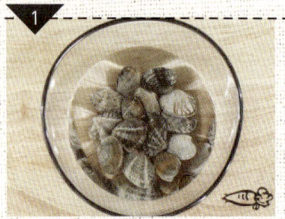

1

조개는 깨끗이 씻어 소금물에 넣고 해감한다.

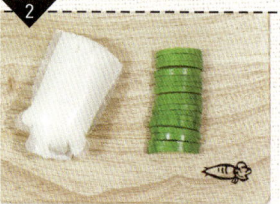

2

순두부는 반으로 자르고 호박은 반달썰기 한다.

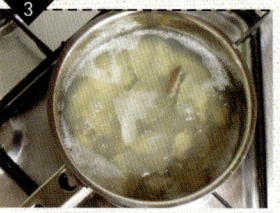

3

육수에 조개를 넣고 끓인다.

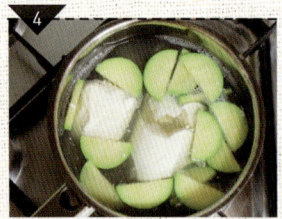

4

순두부와 호박을 넣고 센 불에서 끓인다.

tip

호박과 순두부는 오래 끓이는 것보다는 단시간에 빨리 끓이는 것이 좋아요.

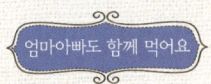

엄마아빠도 함께 먹어요

다진 마늘을 넣고 국간장과 소금으로 간을 맞추세요. 고 춧가루를 넣어도 좋아요.

소고기 무버섯탕

재료
삶은 소고기 40g
소고기육수 2+1/2컵(500ml)
버섯 한 줌
두부 1/4모
무 조금
대파 조금

소고기 밑간양념
다진 마늘 1/2작은술
간장 1작은술
참기름 1작은술

1. 두부는 1cm 크기로 깍둑썰기 하고 버섯은 먹기 좋게 찢는다.

2. 삶은 소고기는 결대로 찢어서 밑간을 한다.

3. 무는 얇게 나박썰기 한다.

4. 소고기육수에 무를 넣고 끓인다.

5. 무가 익으면 버섯을 넣는다.

6. 마지막에 두부와 소고기를 넣고 대파를 넣어 한소끔 끓인다.

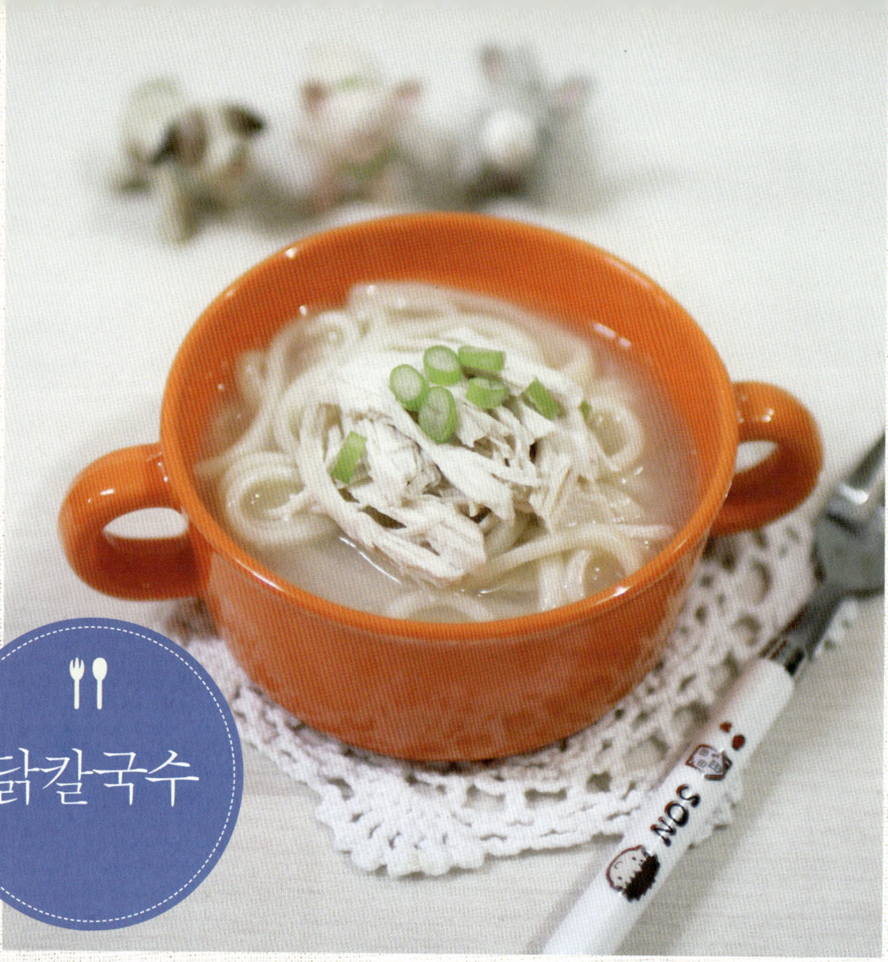

닭칼국수

재료
삶은 닭고기 40g
닭고기육수 2+1/2컵(500ml)
칼국수 1인분

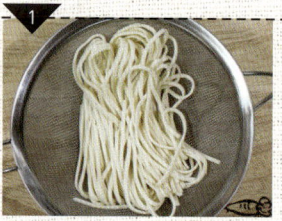

1
칼국수는 체에 밭쳐 면에 묻은 가루를 물로 빠르게 헹궈 낸다.

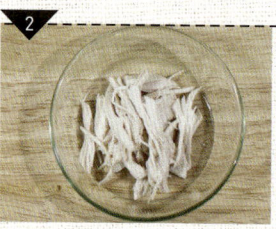

2
육수를 만들고 남은 닭고기는 먹기 좋게 찢는다.

3
육수에 면을 넣고 끓인다.

4
마지막에 닭고기를 넣고 한소끔 끓인다. 필요한 경우 소금 간을 한다.

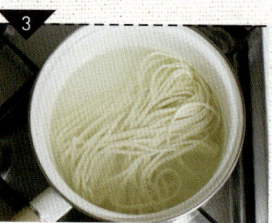

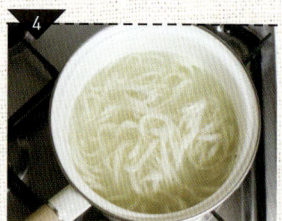

조랭이떡국

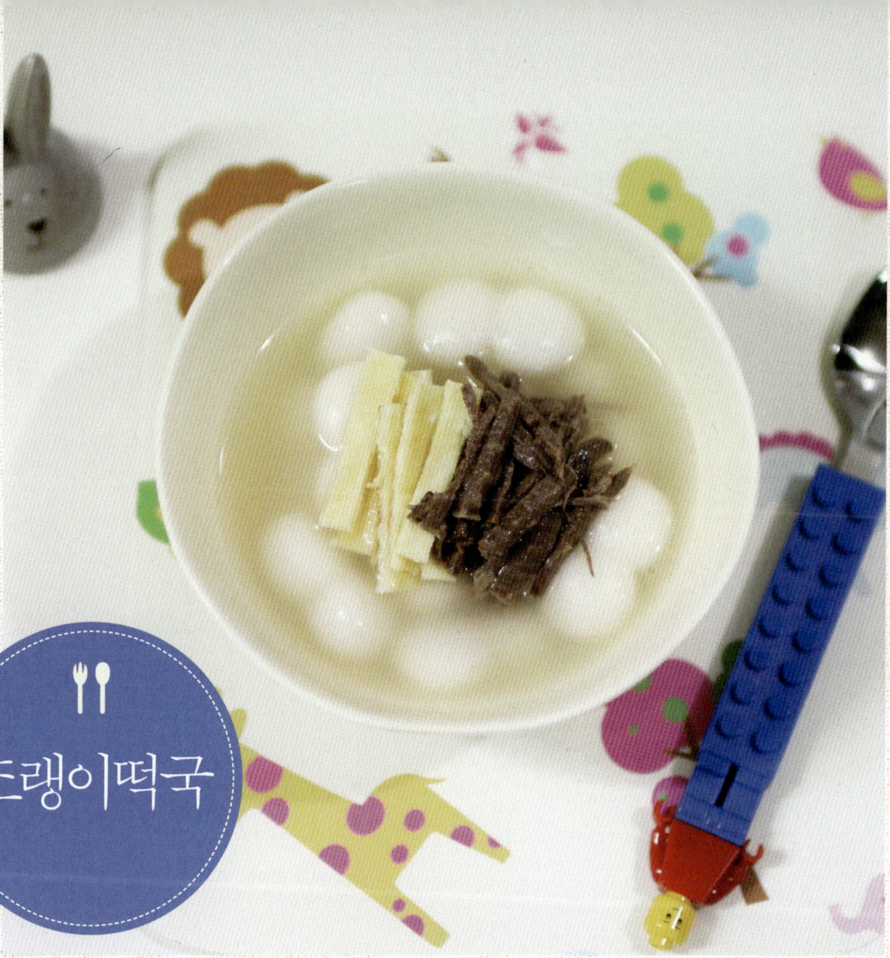

재료
조랭이떡 100g
삶은 소고기 40g
소고기육수 2+1/2컵(500ml)
달걀 1개
국간장 조금
소금 조금

소고기 양념
다진 마늘 1/2작은술
참기름 1작은술

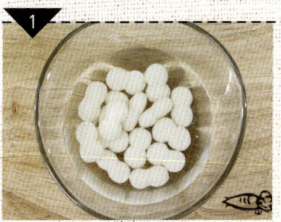

1

떡은 물에 잠시 담가 놓는다.

2

소고기는 결대로 찢어 양념을 한다.

3

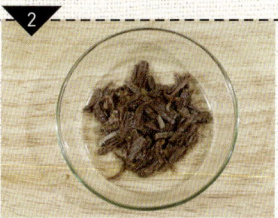

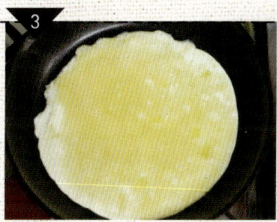

달걀을 풀어 넓게 부친 다음 가늘고 길게 썰어 지단을 만든다.

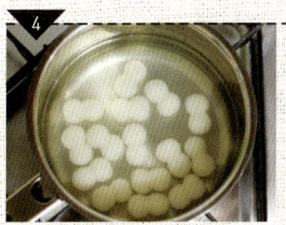

4

육수에 떡을 넣고 끓인다.

5

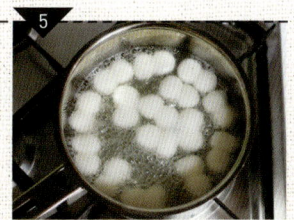

떡이 떠오르면 국간장과 소금으로 간을 한다. 그릇에 담고 소고기와 달걀지단을 올린다.

청경채닭고기 완자탕

재료
삶은 닭고기 70g
다진 양파 1큰술
다진 당근 1큰술
전분가루 2큰술
닭고기육수 2+1/2컵(500ml)
청경채 1개
국간장 1작은술

1
청경채는 줄기와 이파리를 구분해서 1cm 크기로 썬다.

2
삶은 닭고기를 잘게 다지고 다진 양파, 다진 당근, 전분가루를 넣고 치대며 반죽한다.

3
먹기 좋은 크기로 완자를 동그랗게 빚은 다음 전분가루를 골고루 묻힌다.

4
끓는 물에 완자를 넣고 빠르게 데친다.

5
완자를 건진 다음 식힌다.

6
육수가 끓으면 완자, 청경채 줄기, 이파리 순으로 넣는다. 국간장으로 간한다.

tip
이 레시피의 완자는 육수를 끓이고 남은 닭고기를 사용했습니다. 삶은 닭고기가 없다면 생닭가슴살을 다져서 사용하세요.

엄마아빠도 함께 먹어요

다진 마늘 1작은술, 고춧가루 1/2큰술, 청량고추 1/2개를 넣으면 칼칼하고 매콤한 감잣국이 되어요. 국간장과 소금으로 간을 합니다.

재료
감자 1개
소고기육수(또는
멸치다시마육수)
2+1/2컵(500ml)
쪽파 조금
국간장 1/2큰술
(또는 소금 조금)

감잣국

1. 감자는 1.5cm 크기로 깍둑썰기 한 뒤 체에 밭쳐 물로 씻는다.

2. 육수가 끓으면 감자를 넣고 센 불에서 끓인다.

3. 감자가 익으면 쪽파를 넣고 간을 한다.

tip
감자는 자른 뒤 바로 사용하지 않는다면 물에 잠시 담가 놓으세요. 갈변도 막고 전분도 제거할 수 있습니다.
소고기육수를 내고 남은 고기가 있다면 함께 넣어서 끓여 주세요.

쌀국수

재료
삶은 소고기 30g
쌀국수 1/2줌
소고기육수 3컵
당근 한 줌
호박 한 줌
양파 한 줌
국간장 1작은술
(또는 소금 조금)

1. 소고기는 결의 반대로 얇게 썰고, 채소는 길게 채 썬다.

2. 쌀국수는 끓는 물에 삶아 찬물에 헹군다.

3. 육수에 채소를 넣고 끓인다.

4. 국수와 소고기를 넣고 한소끔 끓인다. 국간장 1작은술(또는 소금 조금)로 간을 한다.

흰살생선탕

재료
생선살(대구살) 100g
멸치다시마육수 3컵
무 한 줌
양파 한 줌
미나리 조금
다진 마늘 1/2작은술
국간장 1/2큰술

1
무는 얇게 나박썰기 하고 양파와 미나리는 1cm 크기로 썬다.

2
생선살은 큼지막한 크기로 준비한다.

3
육수에 무를 넣고 끓이다가 양파를 넣는다.

4
생선과 다진 마늘을 넣고 센 불에서 끓인다.

5
마지막에 미나리를 넣고 국간장으로 간을 한다.

tip
생선살은 쉽게 으스러지기 때문에 조금 큼직한 크기로 준비하고 너무 오래 끓이지 않는 것이 좋아요.

유아용 간장양념

아이 밥에 간장양념으로 간을 하면 자극적이지 않으면서도
아이의 입맛을 사로잡는 유아식을 만들 수 있습니다.
조림반찬도 간장양념을 마지막에 넣으면 덜 짜게 만들 수 있습니다.

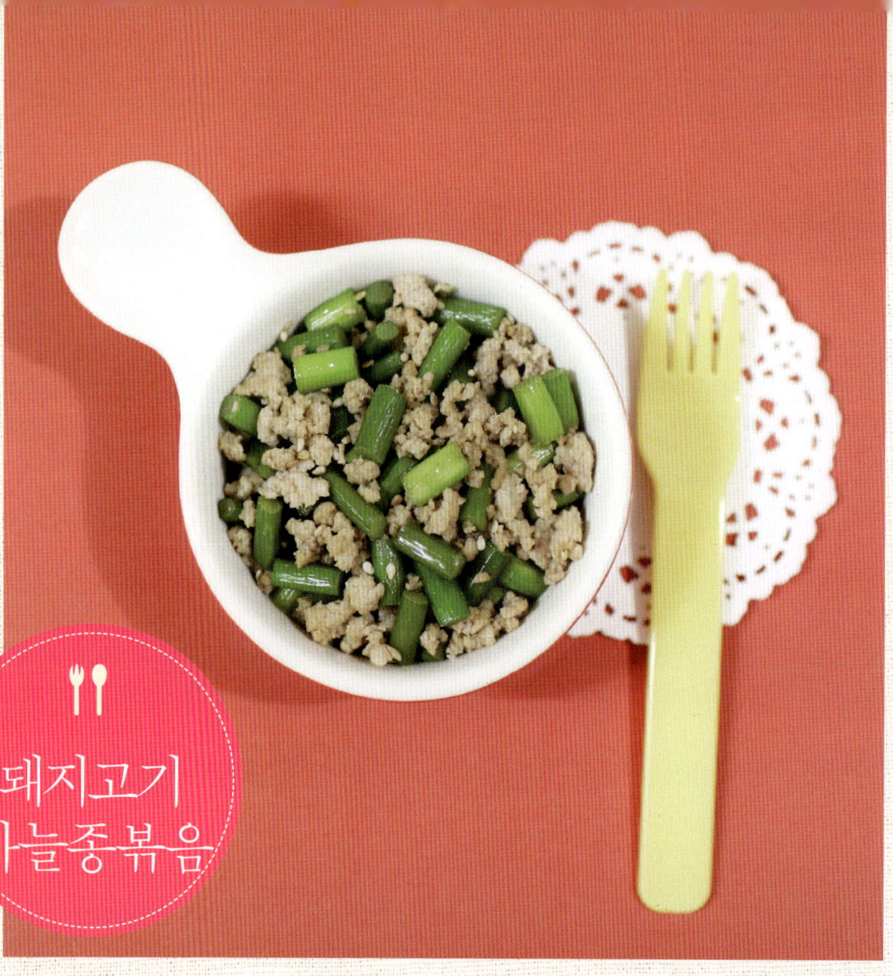

돼지고기 마늘종볶음

재료
다진 돼지고기 60g
마늘종 6줄기
간장양념
깨소금 1/2작은술

1

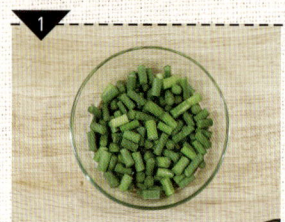

마늘종은 깨끗이 씻어 1~1.5cm 크기로 썬다.

2

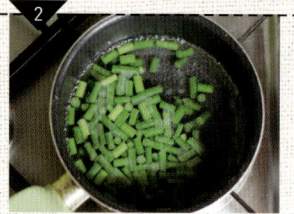

끓는 물에 3분 정도 데치고 체에 밭쳐 찬물에 헹군다.

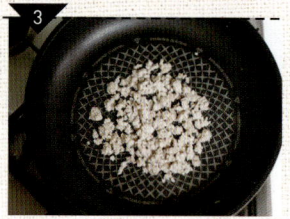

3

팬에 다진 돼지고기를 볶는다.

4

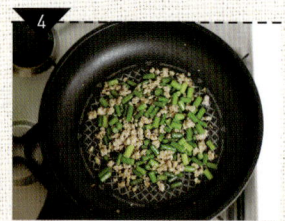

마늘종을 넣고 함께 볶다가 간장양념을 넣는다. 마지막에 깨소금을 뿌린다.

연근조림

재료
연근 200g
간장양념
올리고당 2/3큰술
기름 조금

식초물
물 2+1/2컵(500ml)
식초 1큰술

1 연근은 껍질을 벗겨 0.3cm로 썰고 식초물에 담근다.

2 끓는 물에 10분 정도 삶은 후 찬물에 헹궈 물기를 뺀다.

3 기름을 두르고 연근을 볶다가 간장 양념을 넣고 뒤적이며 볶는다. 눌어 붙는다 싶으면 물을 떠 넣는다.

4 연근이 익으면 마지막에 올리고당 을 넣고 저어 준다.

tip
연근은 자르면 쉽게 변색되기 때문에 식초물에 담가 갈변을 방지합니다.
조리 전에 끓는 물에 삶으면 아린 맛이 없어지고, 더욱 아삭해지며, 조리시간 을 줄일 수 있습니다.
연근을 썰어 바로 조리하는 경우 식초물에 담그는 과정은 생략하고 식초를 탄 물에 바로 삶아도 좋습니다.

찹스테이크

재료
소고기(안심 또는 등심) 50g
파프리카 한 줌
브로콜리 한 줌
양파 한 줌
간장양념

1. 소고기는 핏물을 빼고 1.5cm 크기로 자른다.

2. 파프리카, 브로콜리, 양파는 1cm 크기로 썬다.

3. 달군 팬에 고기를 가볍게 볶는다.

4. 채소와 간장양념을 넣고 빠르게 볶는다.(기호에 따라 다진 마늘 1/2작은술을 넣는다.)

흰살생선 스테이크

재료
생선살 한 도막
자투리 채소(호박, 당근,
버섯) 한 줌
기름 조금
간장양념

전분물
전분 1작은술
물 2큰술

1. 기름을 두르고 생선살을 앞뒤로 굽는다.

2. 채소를 잘게 다진 후 물로 빠르게 볶는다.

3. 약한 불로 줄여 간장양념을 넣는다.

4. 전분물을 붓고 가볍게 젓는다.

5. 미리 구워 둔 생선살을 넣고 버무린다.

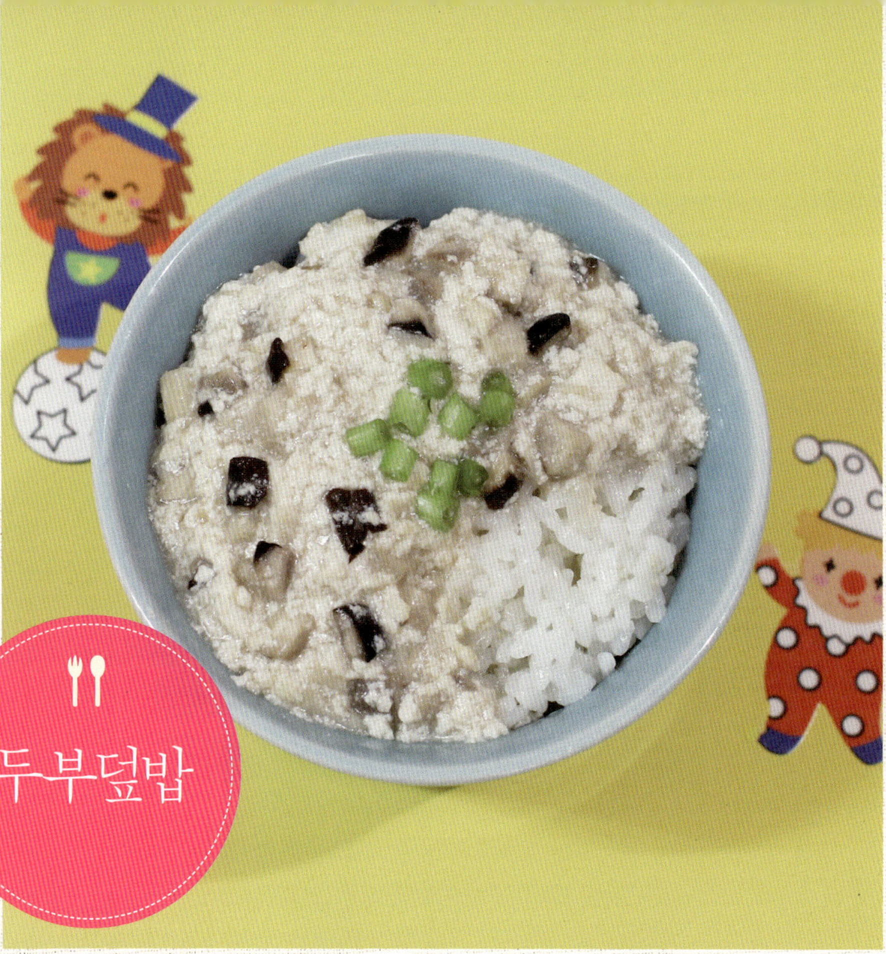

두부덮밥

재료
두부 1/4모
버섯(새송이버섯, 팽이버섯) 한 줌
물 50ml
간장양념

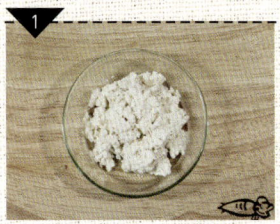

1
두부는 곱게 으깬다.

2
버섯은 1cm 크기로 자른다.

3
팬에 버섯을 볶다가 다진 두부를 넣고 함께 볶는다.

4
물과 간장양념을 넣고 한소끔 끓인 뒤 밥 위에 얹는다.

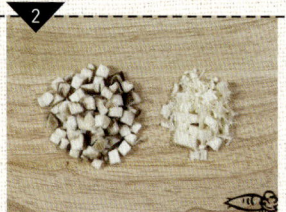

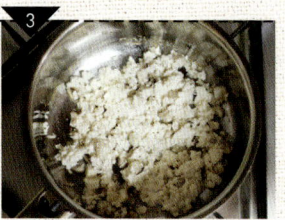

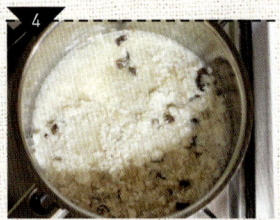

무양파덮밥

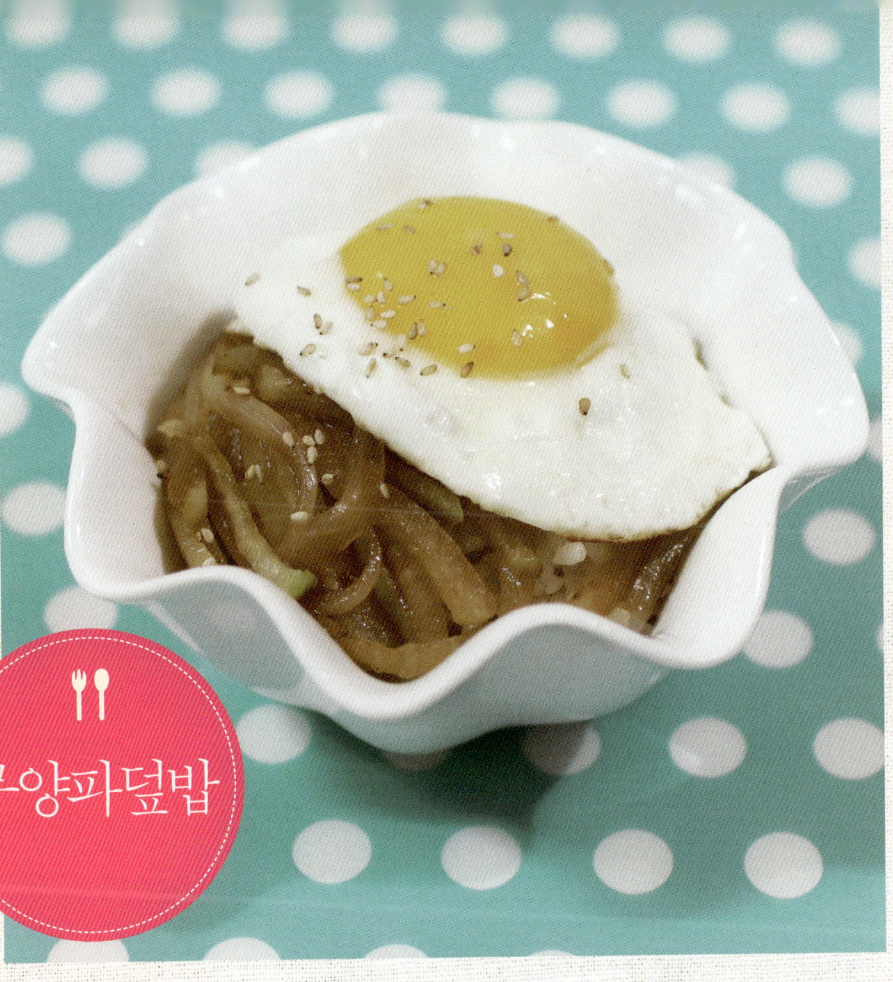

재료

무 1/4개
양파 한 줌
달걀 1개
간장양념
참기름 1큰술
물 50ml

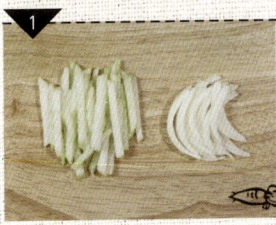

1

무와 양파는 길게 채 썬다.

2

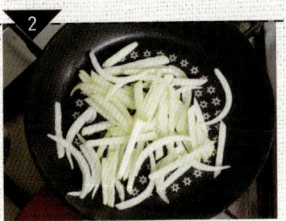

채 썬 무와 양파를 볶다가 참기름을 넣는다.

3

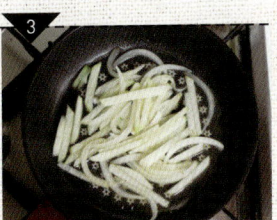

물을 넣고 뚜껑을 닫아 약한 불에서 푹 익힌다.

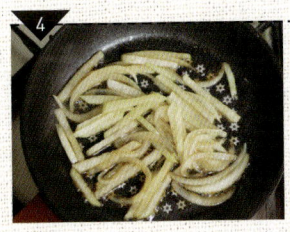

4

간장양념을 넣고 잘 볶는다.

5

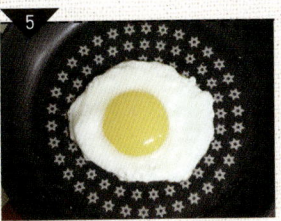

4를 밥 위에 올리고 그 위에 달걀프라이를 얹는다.

tip

어린 아기들이 먹는 경우 달걀프라이는 완숙으로 익혀 주세요.

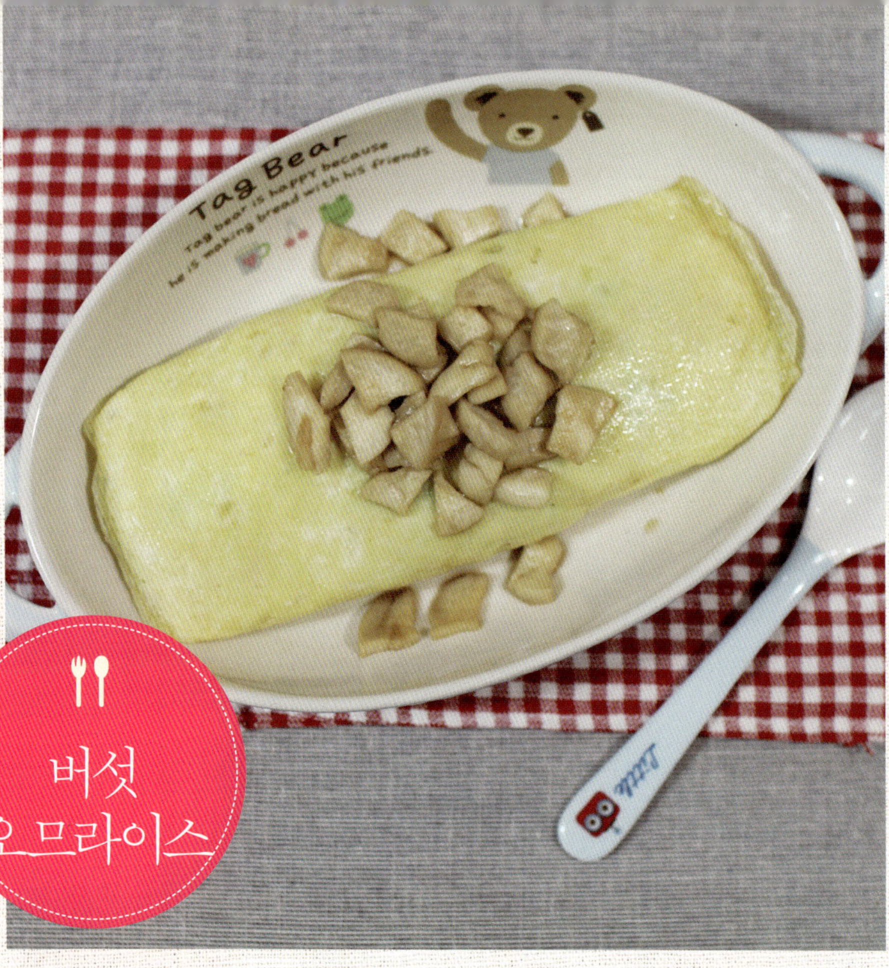

버섯 오므라이스

재료

달걀 1개
브로콜리 한 줌
당근 한 줌
팽이버섯 한 줌
밥 2/3공기
기름 조금

소스

새송이버섯 한 줌
간장양념

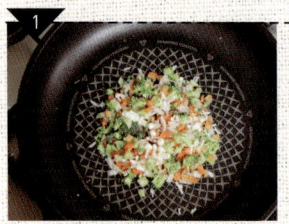

1 채소는 잘게 다져 기름을 두른 팬에 볶는다.

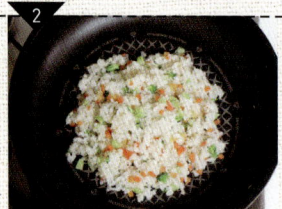

2 밥을 넣고 함께 볶는다.

3 달걀을 풀어 넓게 부친다.

4 달걀이 반쯤 익었을 때 가운데에 볶음밥을 얹는다.

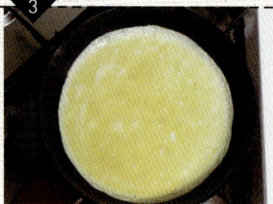

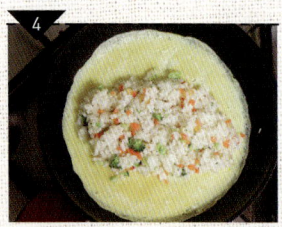

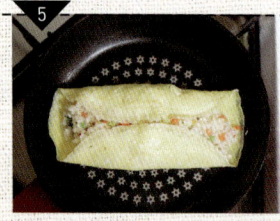

5 달걀 양쪽을 감싸고 접시에 뒤집어서 담는다.

6 잘게 자른 버섯을 볶다가 간장양념을 넣고 끓인다. 오므라이스 위에 뿌린다.

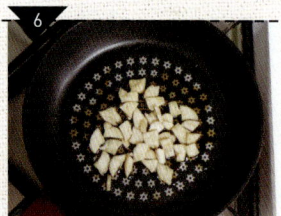

오징어덮밥

재료
오징어 몸통 1/2개(70g)
양배추 한 줌
당근 한 줌
양파 한 줌
파 조금
간장양념

양배추는 가로세로로 1cm로 썰고, 당근은 채 썬 다음 1cm 길이로 썬다. 양파와 파는 다진다.

오징어는 껍질을 벗긴 후 1~1.5cm 크기로 자른다.

오징어를 먼저 볶다가 양배추, 당근, 양파를 넣고 빠르게 볶는다.

간장양념과 파를 넣어 볶는다.

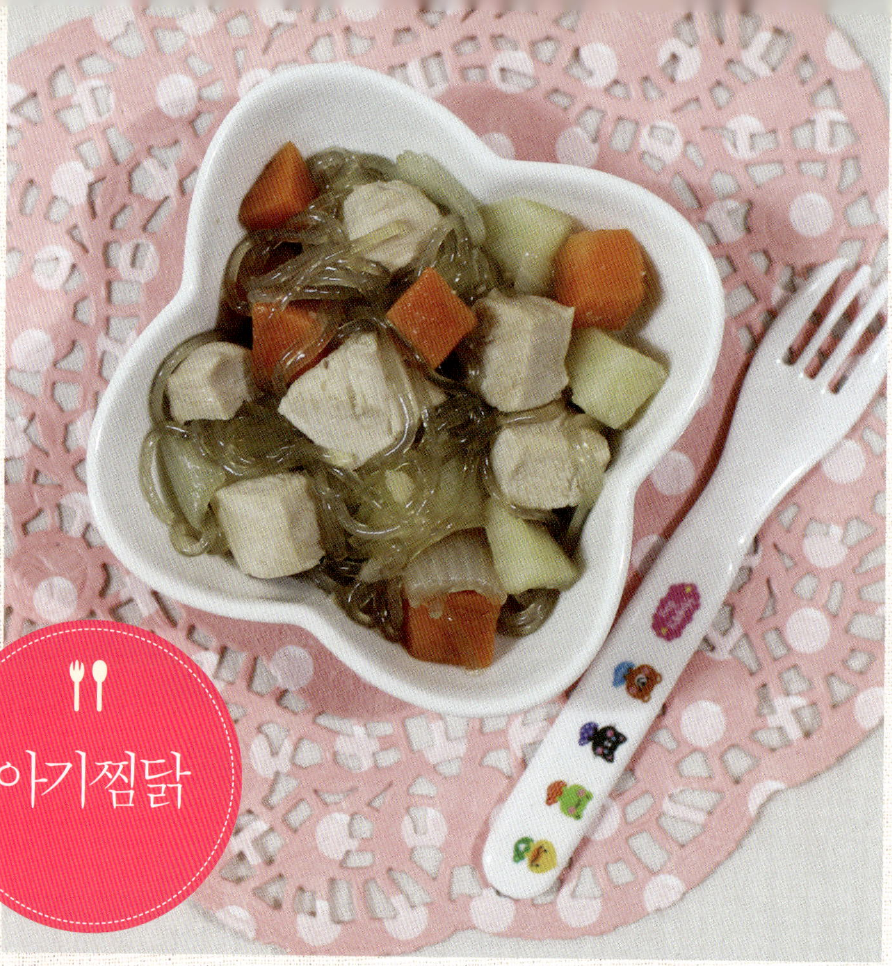

엄마아빠도 함께 먹어요

진간장 1큰술, 고춧가루 1/2
큰술, 올리고당 1작은술, 다
진 마늘 1작은술을 넣어 주
세요.

재료
닭가슴살 100g
물 2/3컵
간장양념
당면 10g
감자 1개
당근 1/3개
양파 한 줌
기름 조금

아기찜닭

당면은 30분 정도 물에 담가 불린다.

감자, 당근, 양파는 1cm 크기로 깍
둑썰기 한다.

닭가슴살은 1.5cm 크기로 자른 후
끓는 물에 데친다.

기름을 조금 두르고 감자와 당근을
볶다가 물을 넣고 끓인다.

감자가 적당히 익으면 닭가슴살과
간장양념을 넣고 약한 불에서 끓
인다.

당면을 넣고 익을 때까지 볶는다.

돼지고기 배추찜

재료
다진 돼지고기 50g
배추잎(속대) 3~4장
다진 마늘 1/2작은술
물 1/2컵
간장양념
쪽파 조금

1
다진 고기는 다진 마늘로 밑간을 하고 배추 잎은 먹기 좋게 자른다.

2
냄비 바닥에 배추 줄기 부분을 깔고 다진 고기를 올린다. 그 위에 이파리 부분을 덮는다.

3
물을 붓고 위에 간장양념을 골고루 뿌린다.

4
뚜껑을 덮고 센 불에서 끓이다가 끓기 시작하면 약한 불로 줄인다.

5
배추가 푹 익으면 쪽파를 넣고 한소끔 끓인 후 불을 끈다.

파프리카
버섯볶음

재료
새송이버섯 1개
파프리카 색상별로 한 줌씩
기름 조금
간장양념

1. 버섯과 파프리카는 길게 썬다.

2. 팬에 기름을 살짝 두르고 버섯과 파프리카를 볶는다.

3. 간장양념을 넣고 빠르게 볶은 뒤 불을 끈다.

tip
재료들을 작게 자른 뒤 밥 위에 얹어서 덮밥으로 먹어도 좋아요.

엄마아빠도 함께 먹어요

간장 1큰술, 고춧가루 1/2큰
술, 설탕 1작은술, 다진 마늘
1작은술을 섞어 조림양념장
을 만든 뒤 두부 위에 뿌려
약불에서 조려 주세요.

재료
두부 1/2모
간장양념
채 썬 양배추 한 줌
호두 1큰술
다진파 1/2큰술
기름 조금

호두양배추
두부조림

1

두부는 납작하게 썬다.

2

양배추는 채 썰고 대파는 다지고 호
두는 으깬다.

3

팬에 기름을 두르고 두부를 굽는다.

4

두부를 뒤집어 2를 올리고 위에 간
장양념을 뿌린 뒤 약한 불에서 조
린다.

tip

두부의 양이 너무 많지 않도록 해
서 양념을 두부 위로 끼얹으며 조
리세요.

하얀고등어 조림

재료
순살 고등어 150g
(또는 일반 고등어 1마리)
감자 1개
무 100g
양파 조금
부추 한 줌
간장양념
다진 마늘 1작은술

1. 감자, 무, 양파는 얇고 납작하게 썬다.

2. 냄비 바닥에 무와 감자를 깐다.

3. 고등어를 안쪽이 보이도록 올리고 양념을 골고루 뿌린다.

4. 다진 마늘을 올리고 물을 넣어 센 불에서 끓인다.

5. 고등어가 익으면 양파를 넣고 불을 줄인다.

6. 마지막에 부추를 올리고 약한 불에서 은근하게 끓인다.

tip

고등어조림을 할 때는 뚜껑을 열고 센 불에서 끓여야 비린내가 날아가요.(그래도 비린내가 난다면 청주 1큰술을 넣어 주세요.) 조리는 동안 위쪽에도 양념이 잘 배도록 국물을 떠서 끼얹어 주세요.
부추 대신 대파, 쪽파, 달래 등을 넣어도 좋아요.

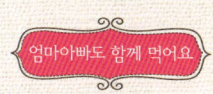
엄마아빠도 함께 먹어요

다진 마늘을 넣고 간장과 올
리고당을 추가하세요.

감자조림

재료
감자 1개
당근 1/3개
간장양념
물 1/2컵
기름 조금

1 감자는 1.5cm 크기로, 당근 1cm 크
기로 깍둑썰기 한다.

2 감자는 전분을 없애기 위해 물에 잠
시 담근다.

3 기름을 두르고 감자와 당근을 볶다
가 물을 넣고 끓인다.

4 감자가 적당히 익으면 간장양념을
넣고 약한 불에서 조린다.

tip
유아용 조림에는 간장양념을 마
지막에 넣으면 덜 짜게 만들 수
있어요.

메추리알
조림

재료
메추리알 28알(280g)
물 1컵
다시마 3×4cm 2장

간장양념
간장 2큰술
설탕 2작은술
물 1큰술

메추리알을 삶는다. 물이 끓기 시작하면 약한 불로 줄이고 10분 정도 끓인다.

찬물에 헹군 뒤 껍질을 벗긴다.

냄비에 물, 메추리알, 다시마, 간장양념을 넣고 끓인다.

끓기 시작하면 다시마는 건지고 약한 불에서 뒤적거리며 조린다.

tip

메추리알 깨끗하게 까는 법
메추리알을 삶을 때 물에 식초 1큰술과 소금 1작은술을 넣으면 껍질을 깨끗하게 까는 데 도움이 됩니다.

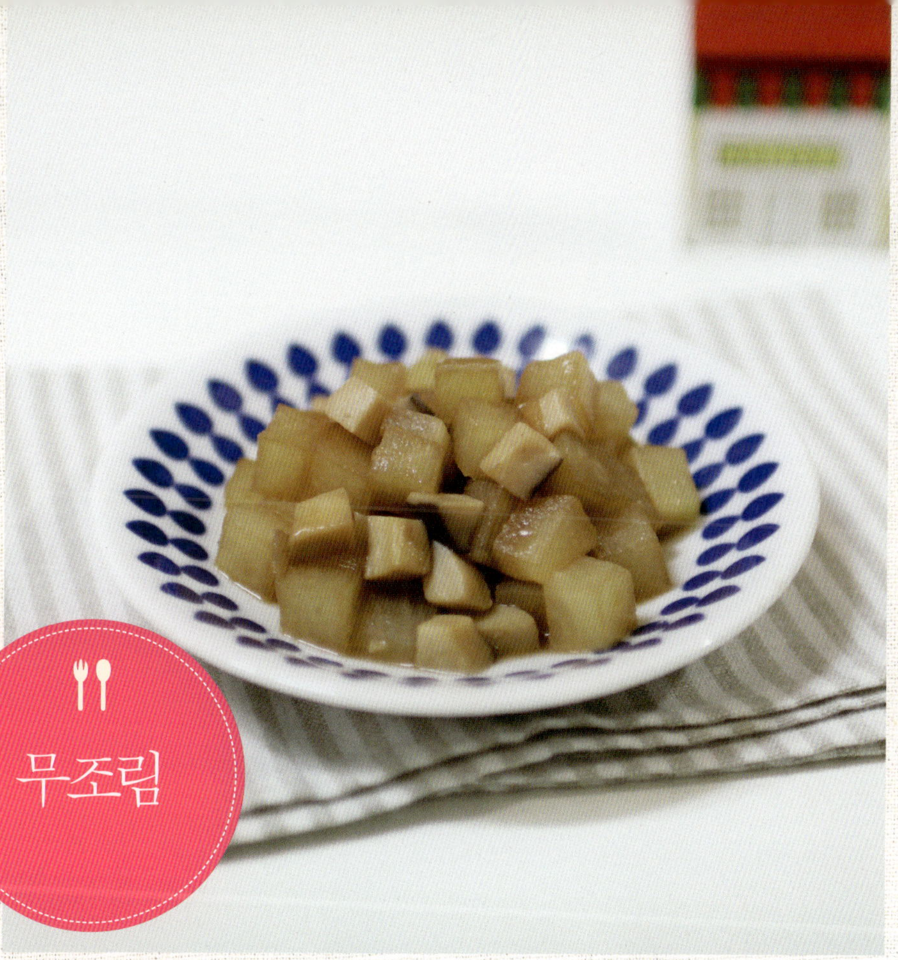

무조림

재료
무 100g
버섯 30g
다시마 3×4cm 2장
참기름 1큰술
간장양념
물 1/2컵

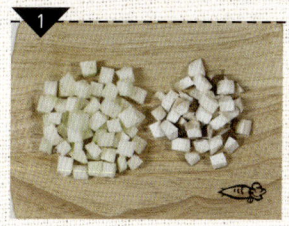

1
무와 버섯은 1~1.5cm 크기로 깍둑 썰기 한다.

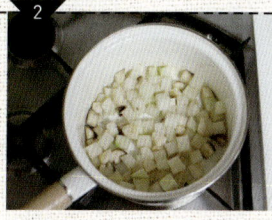

2
참기름을 넣고 무가 투명해질 때까지 볶다가 버섯을 넣는다.

3
물과 다시마를 넣고 끓인다.

4
물이 끓으면 다시마를 건지고 간장 양념을 넣어 약한 불에서 조린다.

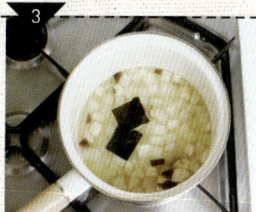

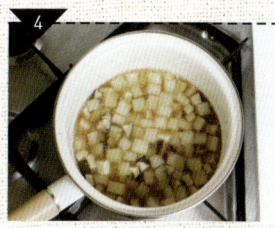

고구마두부 조림

재료
두부 1/4모
고구마 1/2개(80g)
물 1/2컵
간장양념
기름 조금

1 고구마와 두부는 1~1.5cm 크기로 깍둑썰기 한다.

2 고구마는 물에 담갔다가 체에 밭쳐 물기를 뺀다.

3 팬에 기름을 두르고 두부를 굽는다.

4 냄비에 고구마를 넣고 볶다가 물을 넣고 끓인다.

5 물이 끓으면 간장양념을 넣고 조린다. 고구마가 익으면 두부를 넣고 뒤적이며 섞는다.

콩나물잡채

재료
당면 30g
콩나물 한 줌(30g)
당근 한 줌
버섯 한 줌
간장양념
참기름 1큰술
기름 조금

1 콩나물은 씻어서 먹기 좋게 자르고, 버섯과 당근은 작게 채 썬다.

2 당면은 끓는 물에 삶은 뒤 체에 밭쳐 물기를 뺀다.

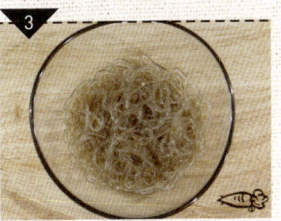

3 간장양념을 넣고 조물조물 무친다.

4 팬에 기름을 두르고 당근, 버섯을 볶다가 콩나물을 넣고 함께 볶는다.

5 당면과 참기름을 넣고 버무리듯 볶는다.

tip
아기가 아삭한 콩나물을 먹기 힘들어하면 콩나물을 끓는 물에 삶은 뒤에 볶아 주세요. 볶기 전에 아기가 먹기 좋은 크기로 잘라 주면 좋아요.

새우볶음밥

재료
대하 3개
브로콜리 부분 1송이
파프리카 1/4개
간장양념
아기밥 1공기
기름 조금

1

브로콜리와 파프리카는 작게 썬다.

2

대하는 머리를 자르고 껍질을 벗긴 후 내장을 제거한다. 1~1.5cm 크기로 썬다.

3

기름을 살짝 두르고 새우를 볶다가 채소를 넣어 함께 볶는다.

4

밥을 넣고 볶는다.

5

마지막에 간장양념을 넣고 잘 섞는다.

소고기숙주 볶음밥

재료
다진 소고기 40g
숙주 한 줌(30g)
양파 한 줌
팽이버섯 한 줌
간장양념

고기는 핏물을 빼고 양파와 팽이버섯은 다진다.

숙주는 깨끗이 씻는다.

팬에 고기를 먼저 볶다가 양파와 버섯을 넣고 볶는다.

밥을 볶다가 간장양념을 넣고 잘 섞는다.

마지막에 숙주를 넣고 볶는다.

tip

숙주는 센 불에서 빠르게 볶아 아삭함을 유지해야 맛있어요. 살짝 숨이 죽을 정도로만 볶은 뒤에 불을 끕니다.
숙주는 조리 전에 아이가 먹기 좋은 크기로 잘라 주셔도 좋아요.
아직 간을 많이 하지 않는 아기의 경우 양념을 반 정도 사용하고 간을 본 후에 추가로 조절해 주세요.

연어채소 덮밥

재료
연어 한 조각(50g)
당근 한 줌
버섯 한 줌
양파 한 줌
간장양념
다진 마늘 1/2작은술
기름 조금

1. 당근, 버섯, 양파는 길게 채 썬다.

2. 기름을 살짝 두르고 연어를 앞뒤로 굽는다.

3. 물을 2~3큰술 떠 넣으며 채소를 빠르게 볶는다.

4. 채소가 익으면 약한 불로 줄이고 간장양념과 다진 마늘을 넣고 볶는다.

5. 밥 위에 구운 연어를 얹고 위에 채소를 올린다.

tip
연어는 소금과 후추로 밑간을 해도 좋아요 하지만 거부감 없이 잘 먹는 아이라면 그냥 구워 주세요 너무 오래 구우면 퍽퍽해지니 빠르게 익히도록 합니다

닭고기숙주 볶음면

재료
닭가슴살 50g
소면 1/2줌
숙주 한 줌(30g)
다진 양파 한 줌
간장양념
참기름 1/2큰술
기름 조금

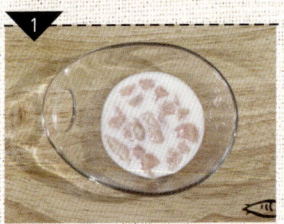

1 닭가슴살은 1cm 크기로 잘라 우유에 담가 둔다.

2 숙주는 씻어서 다듬고 양파는 다진다.

3 소면은 끓는 물에 삶은 뒤 체에 밭쳐 찬물에 행군다.

4 기름을 조금 두르고 닭가슴살과 양파를 볶는다.

5 닭이 익으면 숙주와 간장양념을 넣고 빠르게 볶는다.

6 약한 불로 줄여 삶은 소면과 참기름을 넣고 버무리듯 볶는다.

엄마아빠도 함께 먹어요

닭강정 소스 만드는 법
간장 1큰술, 설탕 1/2큰술, 올
리고당 1/2큰술, 고추장 1작
은술, 물 1큰술, 다진 마늘 1
작은술, 다진 땅콩(선택)을
잘 섞어 주세요.
소스를 만들어 끓이다가 튀
긴 닭을 넣고 버무려 주세요.

재료
닭가슴살 150g
우유 1/2컵
소금 조금
간장양념
기름 1/2컵

튀김반죽
전분가루 1컵
밀가루 1/2컵
물 2/3컵

닭강정

1. 닭가슴살은 1.5cm 크기로 자른 뒤 우유에 담가 둔다.

2. 소금으로 밑간하고 전분가루 1큰술을 넣어 버무린다.

3. 튀김반죽에 닭가슴살을 버무린다.

4. 예열한 기름에 닭가슴살을 튀긴다.

5. 체에 밭쳐 잠시 식힌 다음 다시 한 번 튀긴다.

6. 팬에 간장양념을 넣고 살짝 끓인 다음 튀겨 놓은 닭강정을 넣고 가볍게 버무린다.

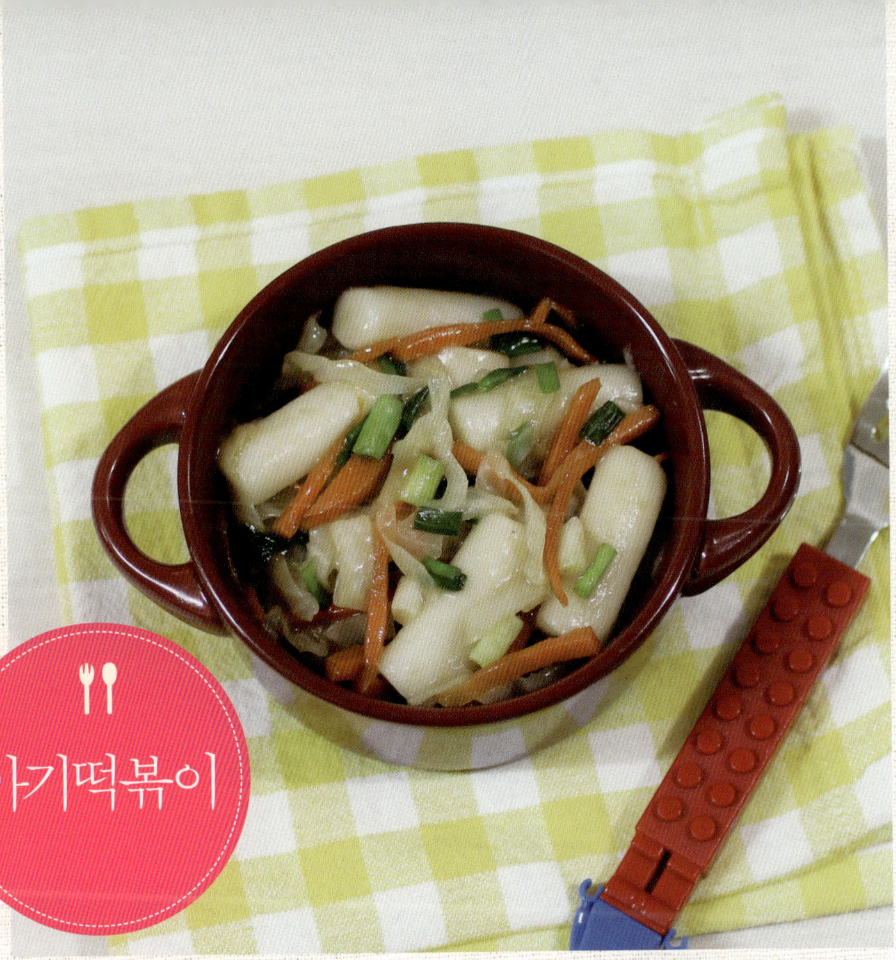

아기떡볶이

재료
떡 150g
물(또는 멸치다시마육수) 50ml
당근 한 줌
양배추 한 줌
쪽파 한 줌
간장양념

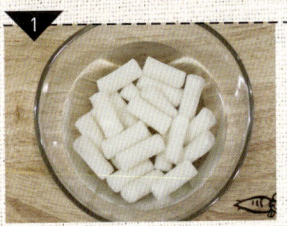

1 떡은 물에 담갔다가 체에 밭쳐 물기를 뺀다.

2 당근과 양배추는 채 썰고, 쪽파는 1cm 크기로 자른다.

3 떡에 물을 넣고 끓이다가 간장양념을 넣는다.

4 채소를 넣고 물이 졸아들 때까지 볶는다.

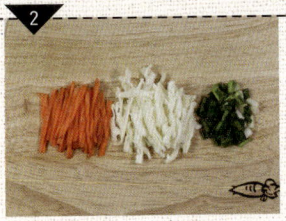

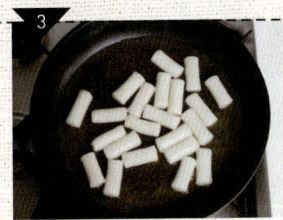

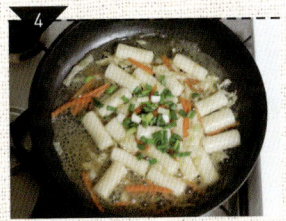

유아용
소고기
밑간양념

영·유아기에는 성장 발달을 위해 소고기를 충분히 섭취해야 합니다.
다짐육 밑간양념을 이용하면 요리도 간단하고 아이 입맛에 맞는
다양한 소고기 요리를 만들 수 있습니다.

소고기 호두볶음

재료
밑간한 다진 소고기 40g
호두 잣 한 줌

1

다진 소고기는 밑간을 하고 호두와 잣은 으깬다.

2

팬에 기름 없이 소고기를 볶는다.

3

호두와 잣을 넣고 가볍게 볶는다.

소고기쑥갓 버섯무침

재료
밑간한 다진 소고기 40g
쑥갓 한 줌
팽이버섯 한 줌
깨소금 1작은술
참기름 1/2큰술

쑥갓은 끓는 물에 살짝 데친 후 찬
물에 헹군다.

쑥갓을 꺼낸 물에 팽이버섯을 살짝
데친 후 찬물에 헹군다.

쑥갓과 팽이버섯은 물기를 짜고 작
게 다진다.

밑간한 소고기는 기름 없이 팬에 볶
는다.

소고기, 쑥갓, 버섯, 참기름, 깨소금
을 넣고 조물조물 무친다.

tip
쑥갓의 두꺼운 줄기 부분은 어린
아기들이 먹기 힘들어할 수 있으
니 조리할 때 두꺼운 줄기는 빼고
얇은 줄기와 이파리 부분을 사용
하세요.
쑥갓과 버섯은 끓는 물에 넣었다
가 바로 꺼내는 정도로 빨리 데
치세요.

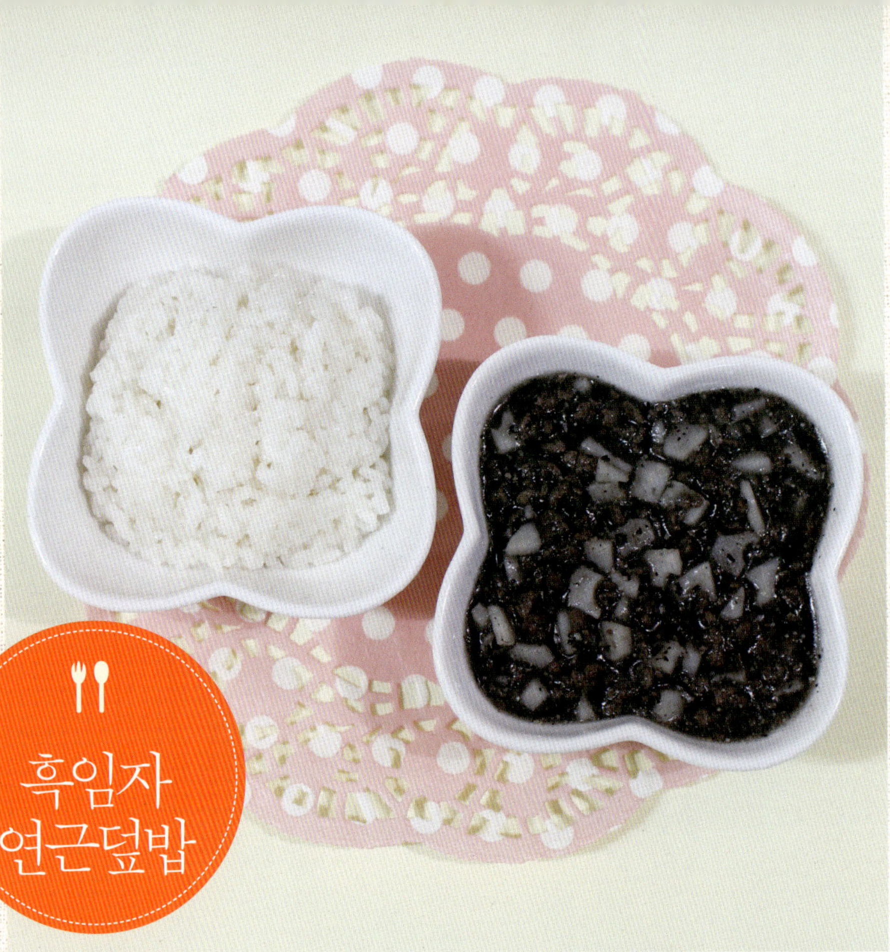

흑임자 연근덮밥

재료
밑간한 다진 소고기 40g
연근 30g
검은깨 1큰술
물 1/2컵

전분물
전분가루 1/2큰술
물 2큰술

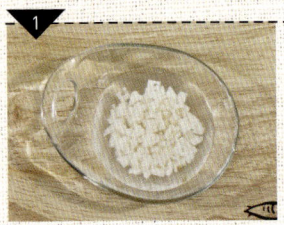

1
연근은 작게 잘라서 식초물에 담가 둔다.

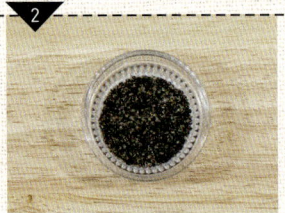

2
검은깨는 곱게 빻는다.

3
냄비에 밑간한 소고기를 볶다가 연근을 넣고 함께 볶는다.

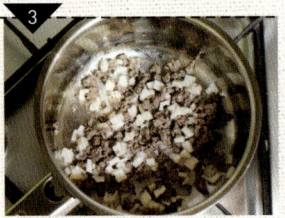

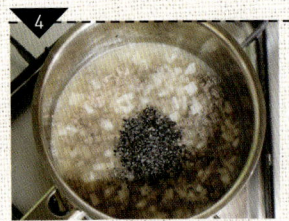

4
물을 붓고 끓이다가 검은깨를 넣고 잘 저어 준다.

5
약한 불로 줄이고 전분물을 넣어 걸쭉해질 때까지 젓는다.

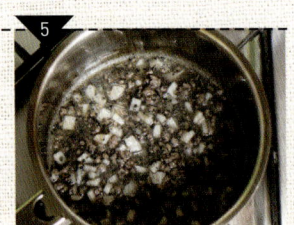

소고기치즈 주먹밥

재료
밑간한 다진 소고기 40g
아기 치즈 1장
아기밥 1공기
참기름 1작은술
깨소금 1작은술
김가루 조금

밑간한 소고기는 팬에 볶는다.

따뜻한 밥에 김가루, 참기름, 깨소금을 넣고 조물조물 버무린다.

밥을 동그랗게 뭉친 후 가운데를 오목하게 누른다. 아기 치즈 1/4조각을 넣고 위에 소고기를 넣은 후 밥을 덮어 꾹꾹 누르며 동그랗게 뭉친다.

tip
꾹꾹 잘 누르면서 뭉쳐야 주먹밥이 풀어지지 않아요.

깍두기 볶음밥

재료
밑간한 다진 소고기 40g
깍두기 한 줌
아기밥 1공기
참기름 1/2큰술
깨소금 1작은술

1 깍두기는 물에 씻어 꼭 짠 뒤 1cm 크기로 얇게 나박썰기 한다.

2 밑간한 소고기를 팬에 볶은 뒤 깍두기를 넣고 함께 볶는다.

3 밥과 참기름, 깨소금을 넣고 골고루 섞으며 볶는다.

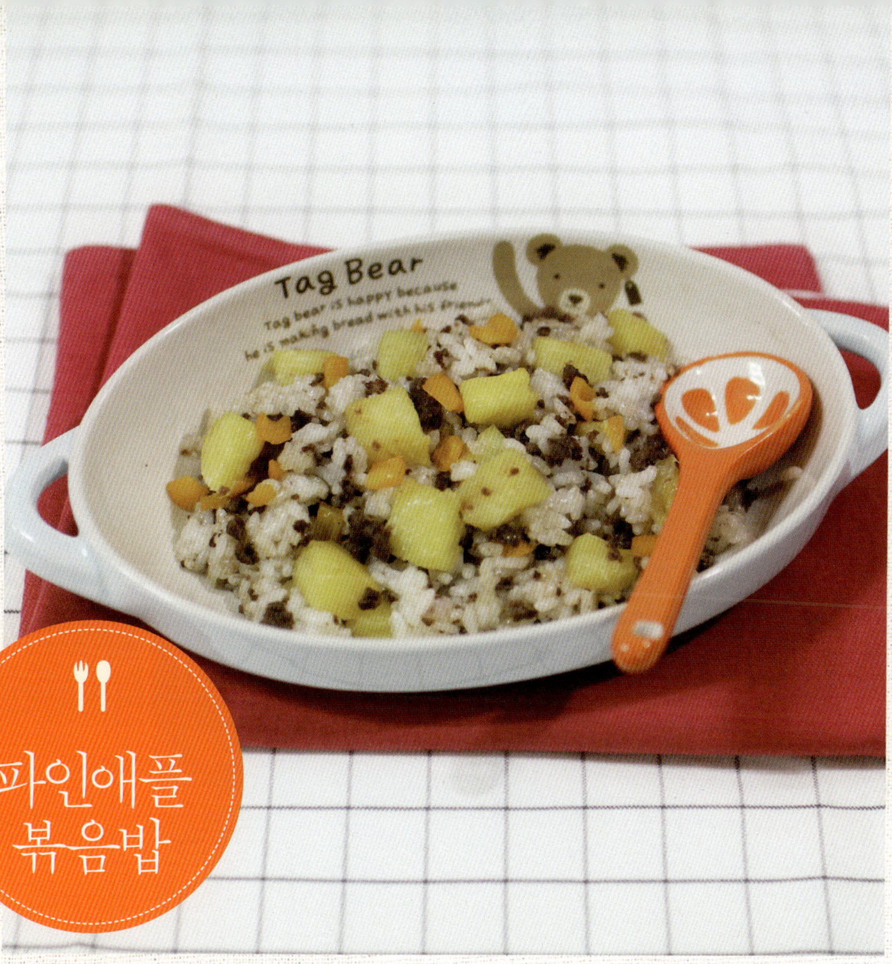

파인애플 볶음밥

재료

밑간한 다진 소고기 40g
파인애플 50g
아기밥 1공기
파프리카 한 줌

1

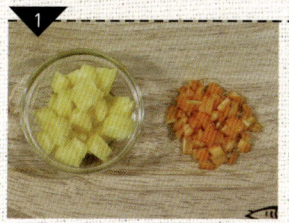

파인애플은 1cm 크기로 자르고 파프리카는 작게 다진다.

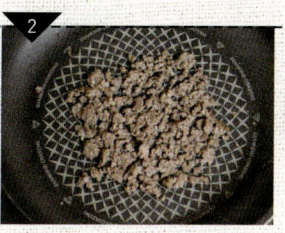

2

밑간한 소고기는 팬에 볶는다.

3

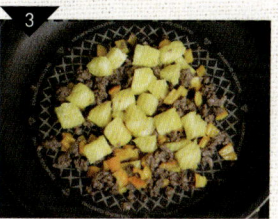

파인애플과 파프리카를 넣고 함께 볶는다.

4

밥을 넣고 잘 섞으며 볶는다. 필요한 경우 소금 간을 한다.

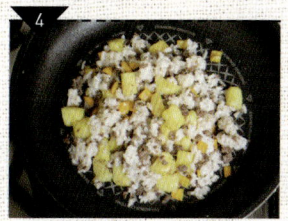

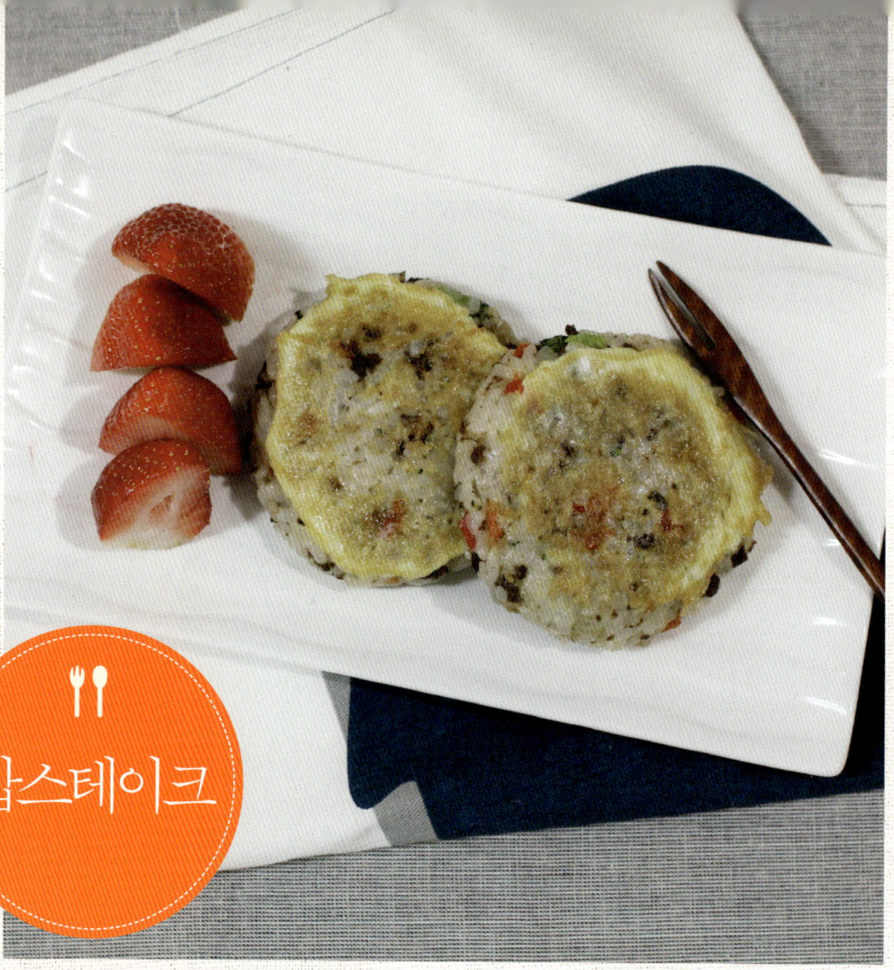

밥스테이크

재료

밑간한 다진 소고기 40g
자투리 채소 한 줌
아기밥 1공기
달걀 1개
기름 조금

1

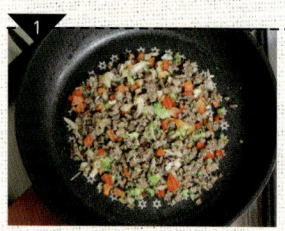

밑간한 소고기를 볶다가 다진 채소를 넣고 함께 볶는다.

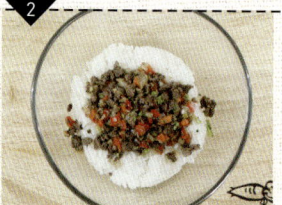

2

밥 위에 1을 넣고 잘 섞는다.

3

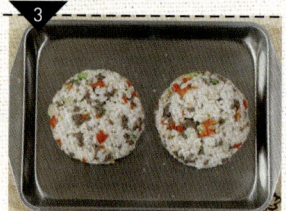

치대듯이 꾹꾹 누르며 동그랗고 도톰한 모양으로 만든다.

4

달걀을 풀고 3을 넣어 앞뒤로 충분히 묻힌다.

5

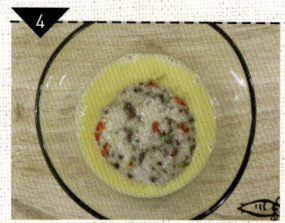

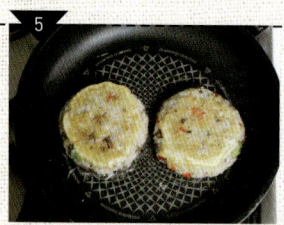

팬에 기름을 두르고 앞뒤로 노릇하게 굽는다.

소고기 배추국

재료
밑간한 다진 소고기 40g
배추잎 4장
물(또는 멸치다시마육수)
2+1/2컵(500ml)
된장 1/2~2/3큰술
다진 마늘 1작은술

1

배추는 깨끗하게 씻은 후 먹기 좋은 크기로 자른다.

2

밑간한 소고기는 냄비에 볶는다.

3

물을 붓고 배추를 넣어 센 불에서 끓인다.

4

된장과 다진 마늘을 넣고 한소끔 끓인다.

tip

유아용 된장국을 끓일 때는 된장을 마지막에 넣어 주세요. 육수와 재료를 먼저 끓이는 동안 맛이 우러나서 된장을 덜 사용해도 맛이 있어요. 그만큼 덜 짠 된장국을 끓일 수 있습니다.

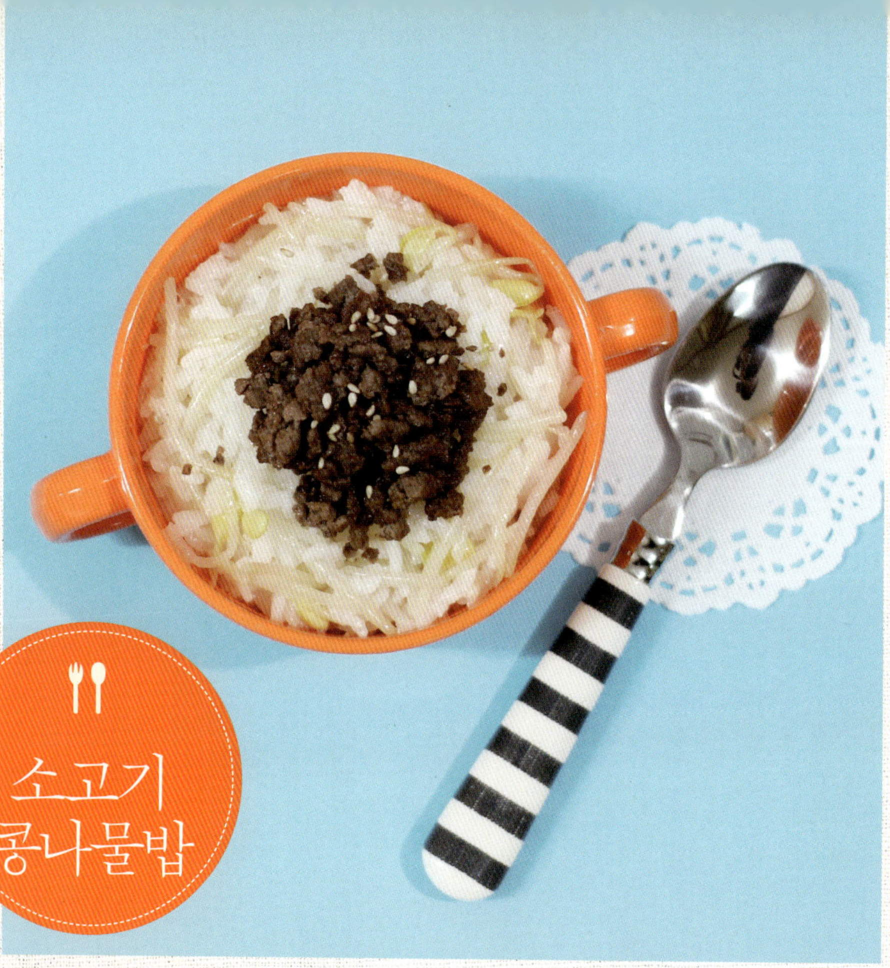

소고기 콩나물밥

엄마아빠도 함께 먹어요

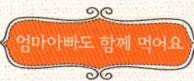

달래 양념장 만드는 법
간장 3큰술, 참기름 1큰술, 고춧가루 1/2큰술, 달래 한 줌을 잘 섞어 주세요.

재료
밑간한 다진 소고기 40g
콩나물 한 줌
쌀 1/2컵
물 1+1/2컵

1 콩나물은 깨끗이 씻어 먹기 좋게 자른다.

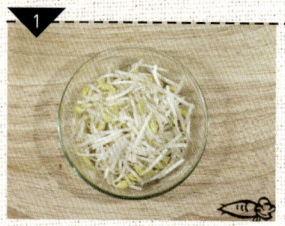

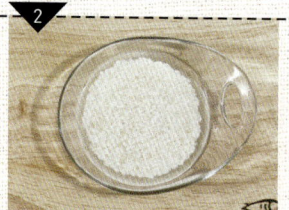

2 쌀은 30분 이상 불린 후 체에 밭쳐 물기를 뺀다.

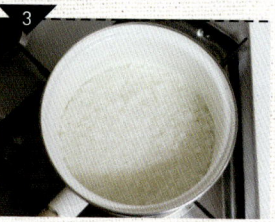

3 쌀과 물을 넣고 잘 저어 주며 끓인다. 끓기 시작하면 불을 줄인다.

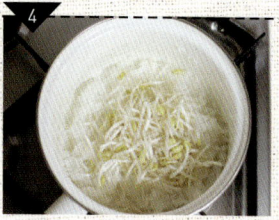

4 밥이 익으면 콩나물을 넣는다.(물이 부족하면 더 넣는다.)

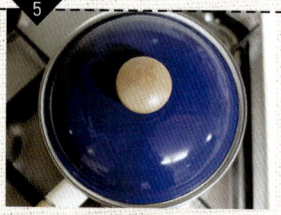

5 약한 불로 줄이고 뚜껑을 닫아 3분 정도 익히고, 불을 끄고 3분 정도 뜸을 들인다.

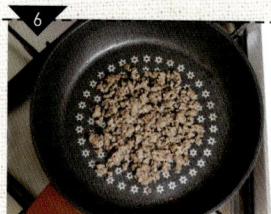

6 밑간한 소고기를 볶아 콩나물밥 위에 얹는다.

tip
밥을 끓이는 과정에서 물의 양을 체크해 주세요. 물이 너무 많으면 죽처럼 되고, 너무 적으면 바닥이 눌어붙습니다. 밥이 익었을 때 물기가 적당히 남아 있어야 뚜껑을 닫고 익혀도 눌어붙지 않아요.

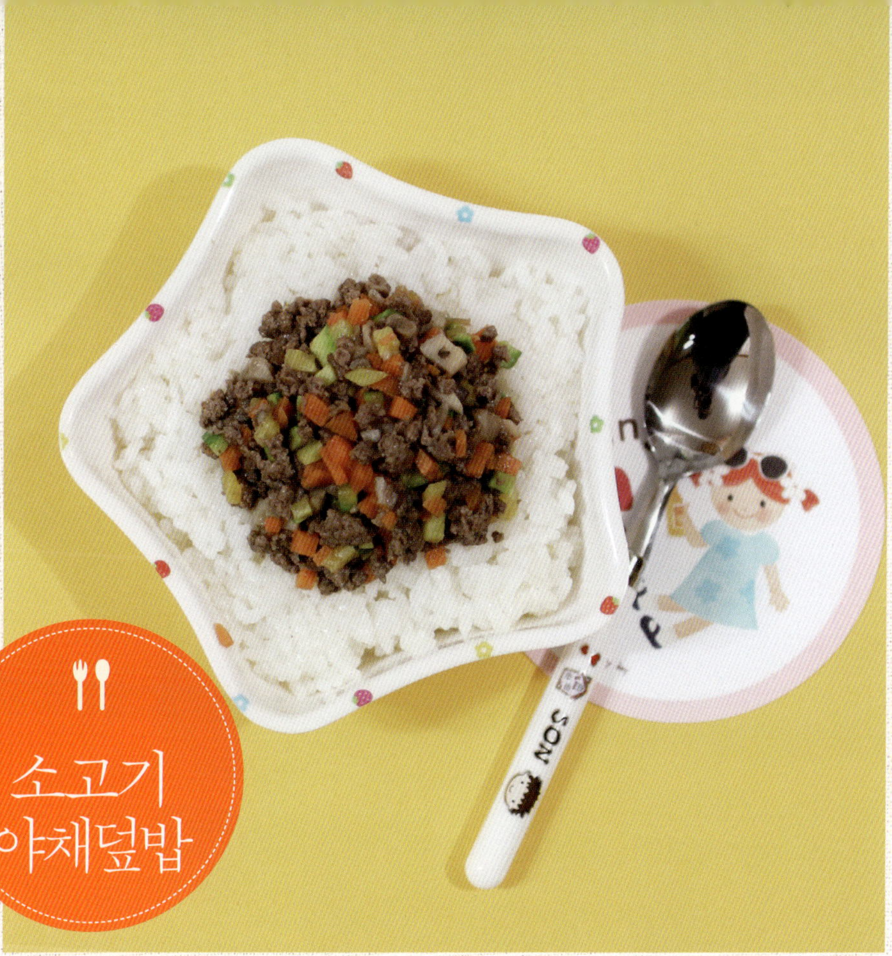

소고기 야채덮밥

재료

밑간한 다진 소고기 40g
버섯 한 줌
호박 한 줌
당근 한 줌
물 1큰술

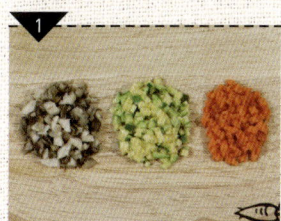

1

버섯, 호박, 당근은 작게 썬다.

2

밑간한 소고기는 팬에 볶는다.

3

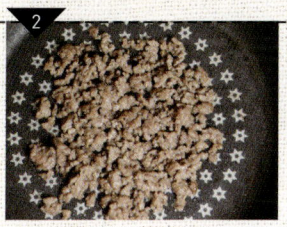

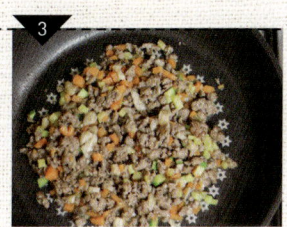

다진 채소들을 넣고 함께 볶는다. 마지막에 물 1큰술을 넣고 촉촉하게 만들어 밥 위에 얹는다.

엄마아빠도 함께 먹어요.

간장양념 만드는 법
간장 2큰술, 식초 1/2큰술,
고춧가루 1작은술을 잘 섞
어 주세요.

파프리카전

재료
밑간한 다진 소고기 40g
미니파프리카 4~5개
다진 양파 1큰술
다진 당근 1큰술
밀가루 조금
달걀 1개
기름 조금

밑간한 소고기, 다진 양파, 다진 당
근, 밀가루 2큰술을 넣고 치대며 반
죽한다.

미니파프리카는 반으로 가르고 속
을 제거한다.

안에 밀가루를 가볍게 바른 뒤 소고
기반죽을 채운다.

밀가루 → 달걀물 순으로 묻힌다.

팬에 기름을 두르고 약한 불에서 고
기가 있는 쪽부터 굽는다.

tip
파프리카는 흐르는 물에 씻은 후
식초를 탄 물에 잠시 담가 두면 말
끔하게 세척할 수 있어요.
필요한 경우 반죽과 달걀에 소금
간을 해 주세요.

들깨비빔밥

재료
밑간한 다진 소고기 40g
밥 2/3공기
들깨가루 1큰술
참기름 1큰술
깨소금 1작은술
고사리나물 한 줌
숙주나물 한 줌
시금치 한 줌
채 썬 당근 한 줌
(그 밖에 냉장고에 있는
나물과 채소)

밑간한 소고기는 팬에 기름 없이 볶는다.

고사리는 삶고, 숙주와 시금치는 데치고, 당근은 채 썰어 볶은 뒤 잘게 다진다.

그릇에 밥을 담고 고기와 나물을 올린다. 참기름, 들깨가루, 깨소금을 넣고 잘 비빈다.

tip

레시피에서 제시한 나물이 아니어도 괜찮습니다. 냉장고에 있는 나물이나 채소 종류를 다양하게 활용해 보세요.
고사리의 경우 아기가 씹기 어려울 수 있으니 푹 익혀서 잘게 다져 주세요.
고사리 삶는 법과 숙주 데치는 법은 p.27의 닭개장 레시피 tip을 참고하세요.

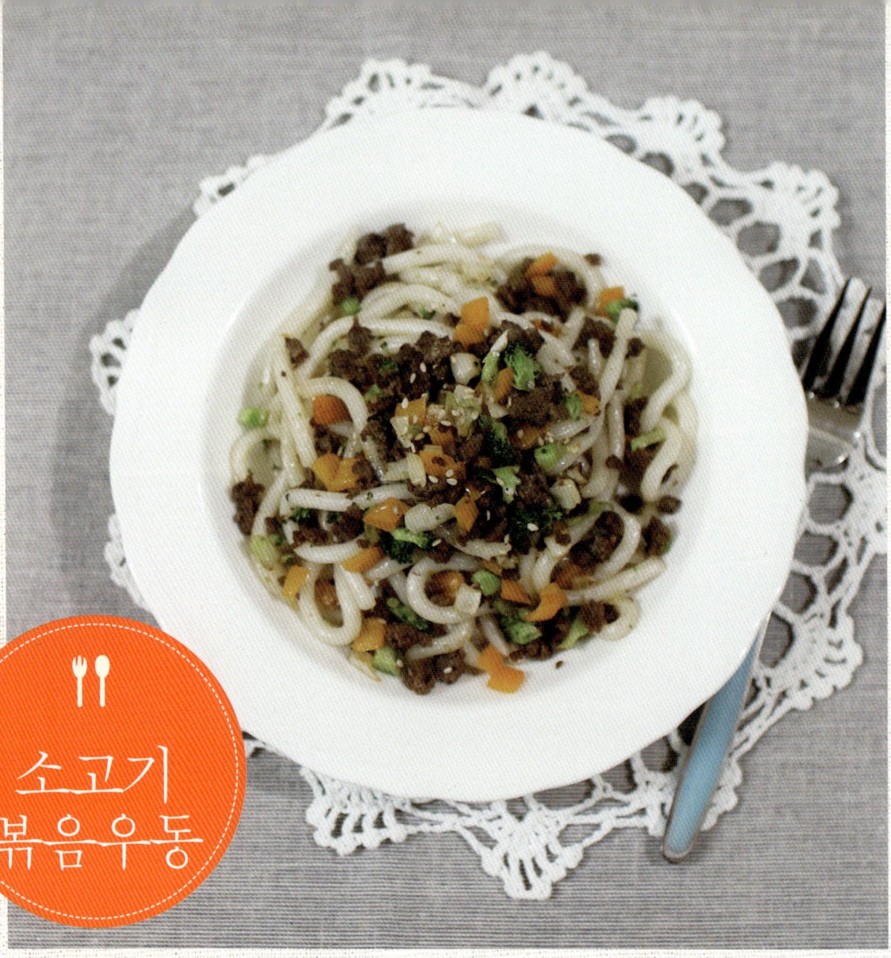

소고기 볶음우동

재료
밑간한 다진 소고기 40g
생우동면 1/2개
파프리카 한 줌
브로콜리 한 줌
양배추 한 줌
기름 조금

파프리카, 브로콜리, 양배추는 작게 썬다.

우동은 끓는 물에 데친 뒤 체에 밭쳐 물기를 뺀다.

밑간한 소고기를 볶다가 채소를 넣어 함께 볶는다.

기름을 두르고 우동을 넣어 볶는다.(기호에 따라 소금이나 간장으로 간을 한다.)

재료
밑간한 다진 소고기 40g
오이 1/3개
들깨가루 1큰술

1 오이는 길게 채 썰고 키친타월로 가볍게 눌러 물기를 제거한다.

2 밑간한 소고기는 팬에 볶는다.

3 오이를 넣고 센 불에서 빠르게 볶는다.

4 약한 불로 줄여 들깨가루를 넣고 가볍게 섞는다.

소고기
오이볶음

소고기 청경채볶음

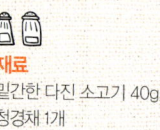

재료
밑간한 다진 소고기 40g
청경채 1개

1 청경채는 줄기와 이파리를 구분해서 1cm 크기로 자른다.

2 소고기를 볶다가 청경채 줄기를 넣고 볶는다.

3 2에 청경채 이파리를 넣고 가볍게 익힌 후 불을 끈다.

tip
유아식을 처음 하는 아기라면 청경채 줄기는 빼고 이파리만 넣어서 볶거나 줄기는 더 잘게 다져 주세요.

소고기 가지튀김

재료
밑간한 다진 소고기 40g
가지 1개
달걀 1개
밀가루 1/2컵
빵가루 1/2컵
기름 1/2컵

1 가지는 1.5cm 두께로 썰고 가운데에 칼집을 낸다.

2 가지 안쪽에 밀가루를 묻힌 다음 가볍게 털어 낸다.

3 밑간한 소고기를 채워 넣는다.

4 밀가루 → 달걀물 → 빵가루 순으로 튀김옷을 입힌다.

5 예열한 기름에 넣고 튀긴다.

엄마표 미니버거

재료
밑간한 다진 소고기 40g
모닝빵 2개
전분가루 1큰술
빵가루 1/2큰술
다진 양파 1큰술
양상추 2장
얇게 썬 토마토 2개
아기 치즈 1장
기름 조금

1. 밑간한 소고기, 다진 양파, 전분가루, 빵가루를 넣고 치대며 반죽한다.

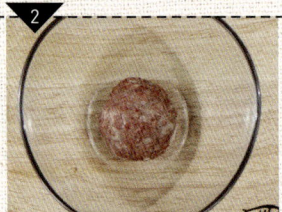

2. 동그랗게 뭉쳐서 치대다가 두 덩이로 나누어 납작하게 빚는다.

3. 팬에 기름을 두르고 앞뒤로 굽는다.

4. 양상추는 씻고 토마토는 얇게 썰고 아기 치즈는 반으로 자른다.

5. 모닝빵을 반으로 갈라 안쪽만 살짝 굽는다.

6. 빵 안에 양상추, 토마토, 치즈, 소고기 패티 순으로 넣는다.

tip
소고기에 밑간을 하고 치즈도 들어가서 아이들이 먹기에 간이 괜찮아요. 잘 먹는다면 굳이 소스를 추가하지 않아도 됩니다.

엄마아빠도 함께 먹어요

간장양념 만드는 법
간장 2큰술, 식초 1/2큰술,
고춧가루 1작은술을 잘 섞
어 주세요.

재료
밑간한 다진 소고기 40g
당면 20g
두부 1/4모
자투리 채소 한 줌
라이스페이퍼 4~5장

월남쌈 만두

1 당면은 끓는 물에 삶아 체에 밭쳐
물기를 빼고 먹기 좋은 크기로 자
른다.

2 소고기는 밑간하고 두부는 곱게 으
깨 물기를 제거한다.

3 밑간한 소고기를 팬에 볶다가 다진
채소들을 볶는다.

4 으깬 두부와 삶은 당면을 넣고 볶
는다.

5 따뜻한 물에 라이스페이퍼를 담갔
다가 바로 꺼내 접시에 펼친다.

6 속재료를 한 숟가락씩 떠서 라이스
페이퍼 위에 올린 뒤 말아 준다.

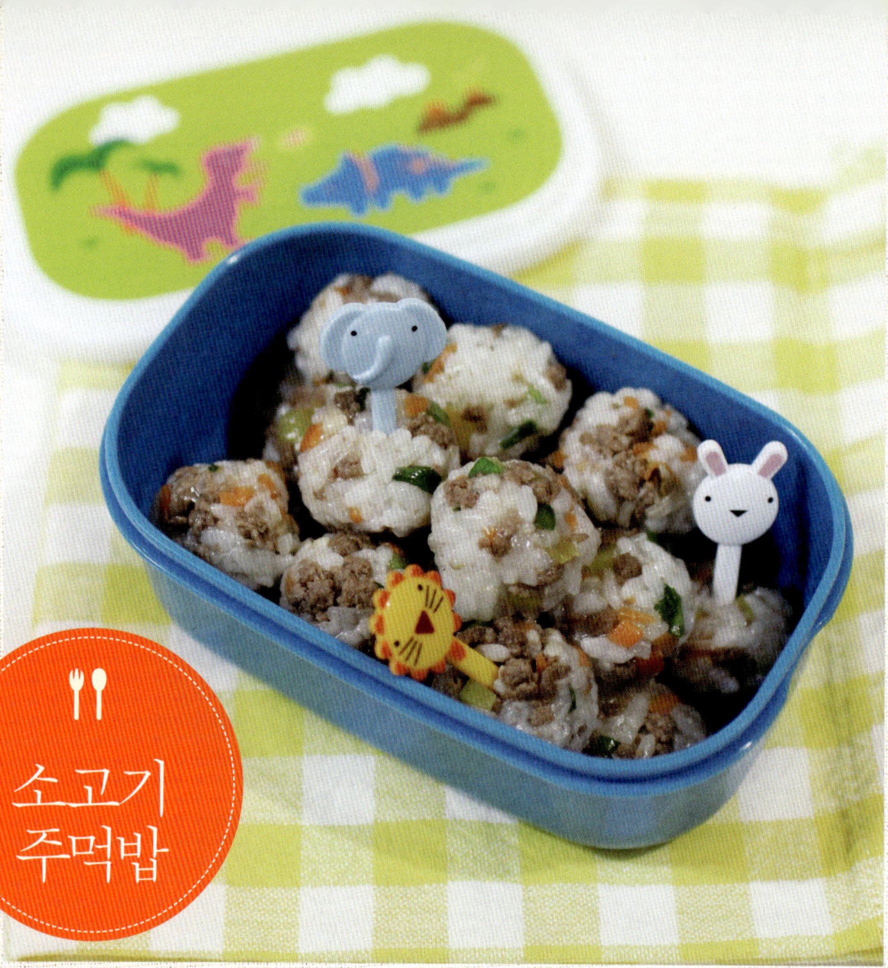

소고기 주먹밥

재료
밑간한 다진 소고기 40g
호박 한 줌
당근 한 줌
버섯 한 줌
부추 한 줌
아기밥 1공기

호박, 당근, 버섯, 부추는 잘게 다진다.

소고기를 팬에 볶다가 당근·호박·버섯→부추 순으로 넣고 볶는다.

밥 위에 올린 다음 잘 섞는다.

랩에 싸서 동그랗게 만다.

소고기 김밥

재료
밑간한 다진 소고기 40g
달걀 1개
시금치 한 줌
당근 1/4개
김밥용 김 1장

1

시금치는 데치고, 달걀을 부쳐 1cm
로 썬다. 당근은 채 썰어 볶고 밑간
한 소고기도 볶는다.

2

김을 반으로 잘라 김밥 위에 올리고
밥을 넓게 펼쳐 재료들을 올린다.

3

김밥로 꾹꾹 누르며 말아 준다.

tip

밥에 참기름 1작은술, 매실액 1작
은술, 소금, 깨소금으로 밑간을 해
도 좋아요.
칼이 잘 들지 않을 경우 불에 살
짝 달군 뒤 사용하면 더 잘 썰려요.

유아용
토마토소스&
크림소스

자극적이지 않은 토마토소스와 크림소스로
다양한 엄마표 별식을 직접 만들어 주세요.
토마토소스는 생토마토와 양파만으로, 크림소스는
우유와 아기 치즈만으로 만들 수 있습니다.

토마토해산물 리소토

재료
해물(새우, 오징어) 50g
다진 마늘 1/2작은술
물 70ml
토마토소스 70g(방울토마토
7개, 다진 양파 한 줌)
기름 조금

1 새우와 오징어는 껍질을 벗기고 잘
게 썬다.

2 기름을 두르고 다진 마늘을 살짝 볶
은 뒤 해물을 볶는다.

3 밥을 넣고 볶다가 물을 넣고 한소끔
끓인다.

4 토마토소스를 넣는다.

5 약한 불에서 잘 저어 준다.

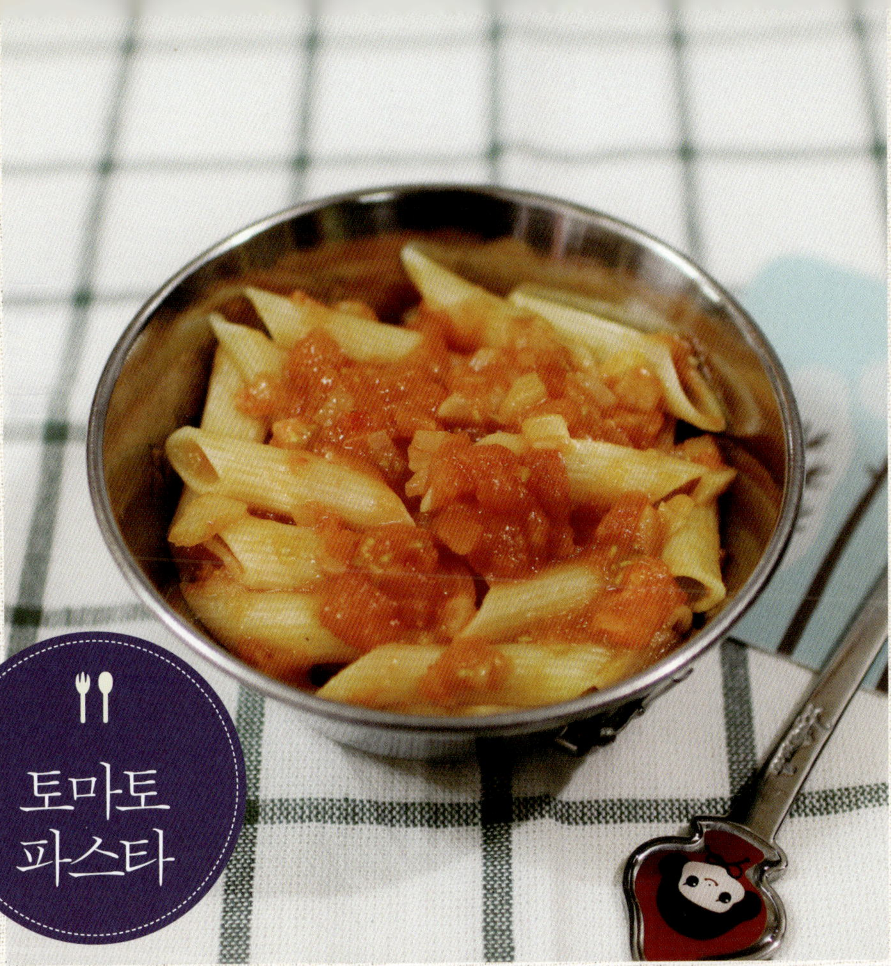

토마토 파스타

재료
파스타 한 줌
토마토소스 70g(방울토마토 7개, 다진 양파 한 줌)

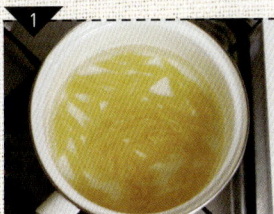

1 파스타는 끓는 물에 삶아 체에 밭쳐 물기를 뺀다.

2 토마토소스를 만든다.

3 삶은 파스타를 넣고 버무리듯 볶는다.

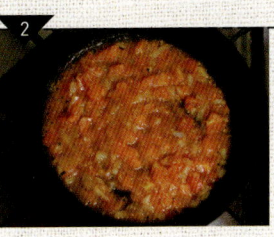

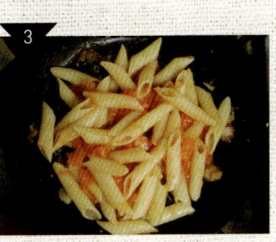

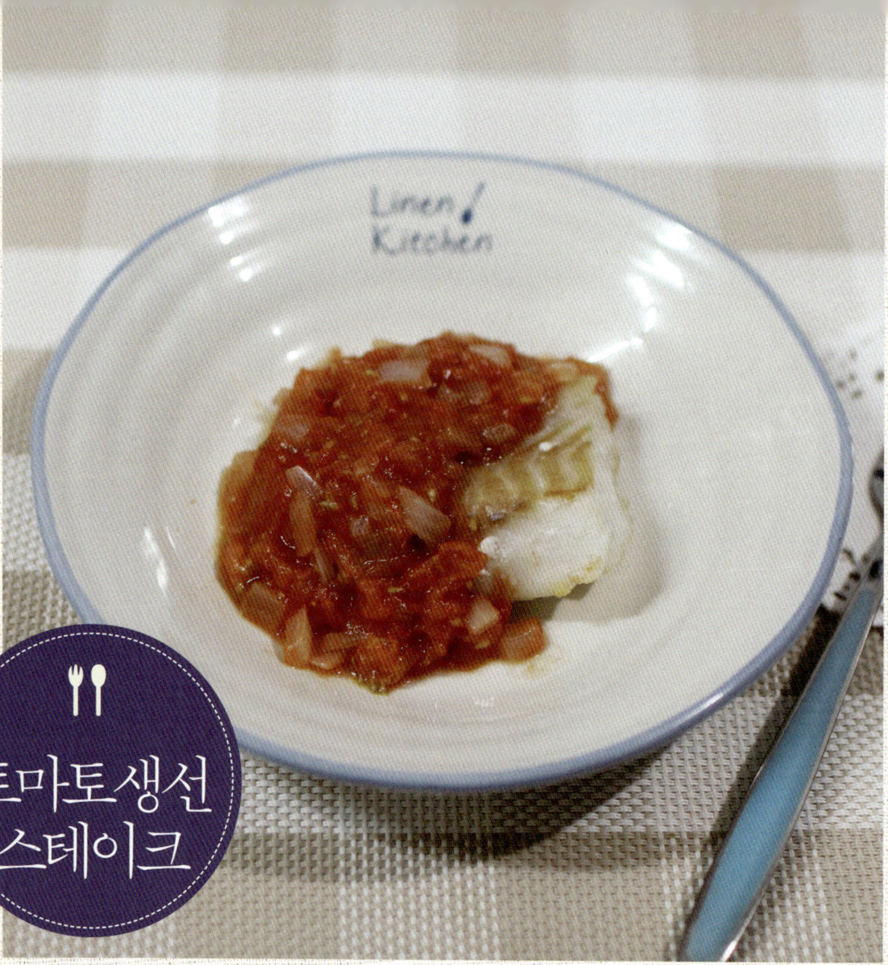

토마토생선 스테이크

재료

흰살생선살 한 도막(100g)
토마토소스 50g(방울토마토 5개, 다진 양파 한 줌)
기름 조금

1

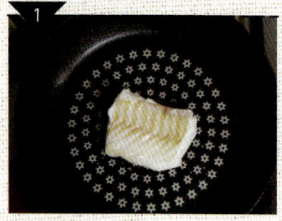

팬에 기름을 두르고 생선살을 앞뒤로 굽는다.

2

토마토소스를 만든다.

3

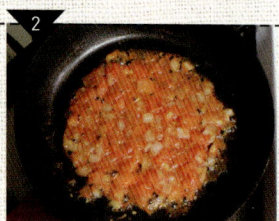

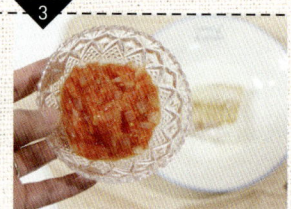

접시에 구운 생선살을 담고 위에 토마토소스를 올린다.

토마토쑥갓
달걀탕

재료
달걀 1개
우유 2큰술
소금 조금
쑥갓 한 줌
물 50ml
토마토소스 50g
(방울토마토 5개)

1
달걀에 우유와 소금을 넣고 푼다.

2
껍질을 벗긴 토마토를 볶다가 한쪽으로 밀고 남은 쪽에 달걀물을 붓는다.

3
달걀이 반 정도 익을 때까지 저어준다.

4
달걀이 살짝 잠길 정도로만 물을 붓고 끓인다.

5
마지막에 쑥갓을 잘라 넣는다.

감자채피자

재료
감자 1개
전분가루 2큰술
소금 조금
피자치즈 한 줌
기름 조금
토마토소스 50g(방울토마토
5개, 다진 양파 한 줌)

1 감자는 껍질을 벗기고 채칼로 썬다.

2 1을 체에 밭쳐 물로 헹군 뒤 물기를 빼 준다.

3 전분가루와 소금을 넣고 잘 버무린다.

4 기름을 두르고 감자채를 한 숟가락씩 떠서 얇고 동그랗게 부친다.

5 한쪽이 노릇노릇 구워지면 뒤집고 위에 토마토소스와 치즈를 올린다.

6 약한 불로 줄이고 뚜껑을 덮어 치즈가 익기를 기다린다.

토마토치즈 토스트

재료
식빵 2장
피자치즈 한 줌
기름 조금
달걀 1개
토마토소스 50g(방울토마토 5개, 다진 양파 한 줌)

1. 달걀프라이를 한다.

2. 기름을 살짝 두르고 식빵을 굽는다.

3. 한 장은 앞뒤로 다 익히고, 다른 장은 한쪽 면이 익었을 때 뒤집어 토마토소스를 바른다.

4. 위에 치즈를 뿌리고 뚜껑을 닫아 잠시 기다린다.

5. 치즈가 익으면 위에 달걀을 올리고 구워 둔 식빵을 덮는다.

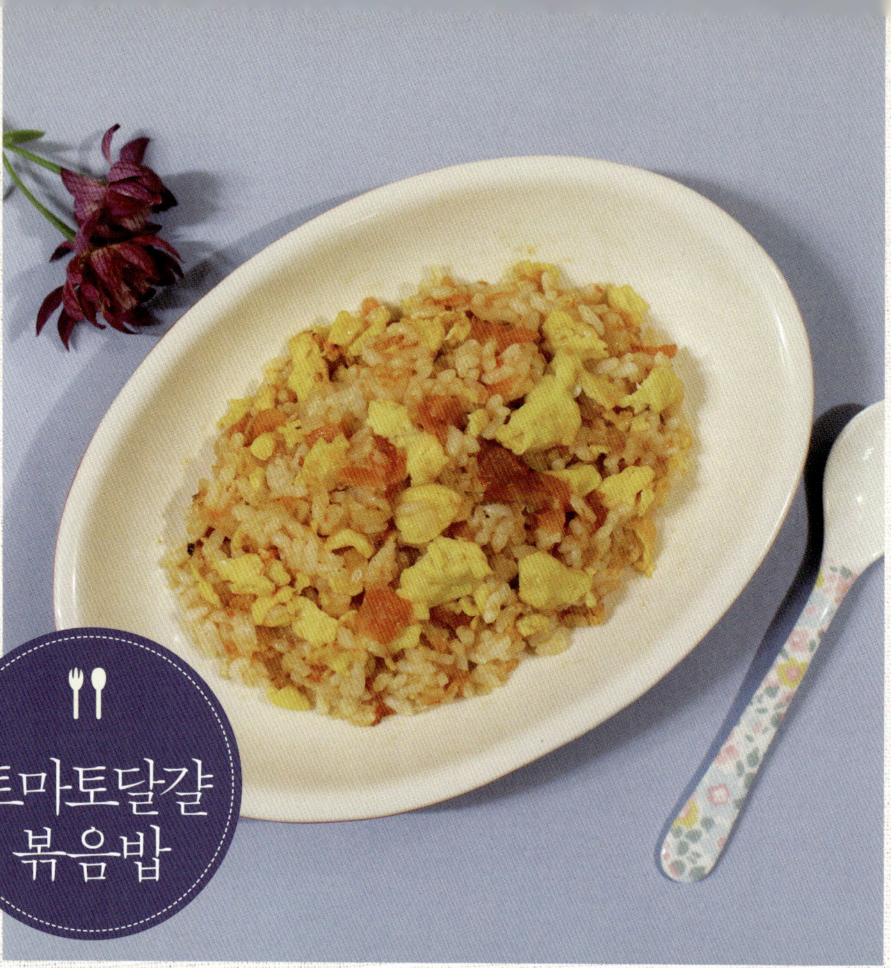

토마토달걀
볶음밥

재료
달걀 1개
소금 조금
아기밥 1공기
기름 조금
토마토소스 70g(방울토마토
7개, 다진 양파 한 줌)

달걀을 풀어서 소금 간을 하고 팬에 빨리 볶아 스크램블을 만든다.

달걀을 한쪽으로 밀고 토마토소스를 만든다.

밥을 넣고 잘 섞으며 볶는다.

들깨
크림스프

🧂🧂

재료
들깨가루 2큰술
찹쌀가루 2큰술
물 1/2컵
우유 80ml
아기 치즈 1장

들깨가루와 찹쌀가루는 2큰술씩 준비한다.

물에 들깨가루와 찹쌀가루를 풀고 끓인다.

물이 끓으면 우유를 넣고 끓이다 치즈를 넣고 약한 불에서 녹을 때까지 젓는다.

닭가슴살
크림카레덮밥

재료
닭가슴살 50g
당근 한 줌
호박 한 줌
양파 한 줌
물 50ml
우유 1/2컵
아기 치즈 1/2장

카레물
카레 1큰술
물 2큰술

1

닭가슴살은 1cm 크기로 잘라 우유에 담가 둔다.

2

당근, 호박, 양파는 1cm 크기로 깍둑썰기 한다.

3

닭가슴살을 볶다가 채소를 넣고 볶는다.

4

물을 넣고 끓이다 채소가 익으면 우유를 넣는다.

5

약한 불로 줄여 카레물을 넣고 섞는다.

6

치즈 1/2장을 넣고 녹을 때까지 젓는다.

크림떡볶이

재료
조랭이떡 150g
물 30ml
우유 50ml
아기 치즈 1장

떡은 물에 잠시 담가 불린다.

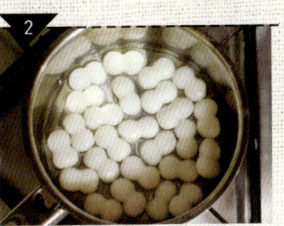
물을 넣고 떡을 볶는다.

우유를 넣고 끓인다.

약한 불로 줄이고 치즈를 올려 녹을 때까지 젓는다. 필요한 경우 소금 간을 한다.

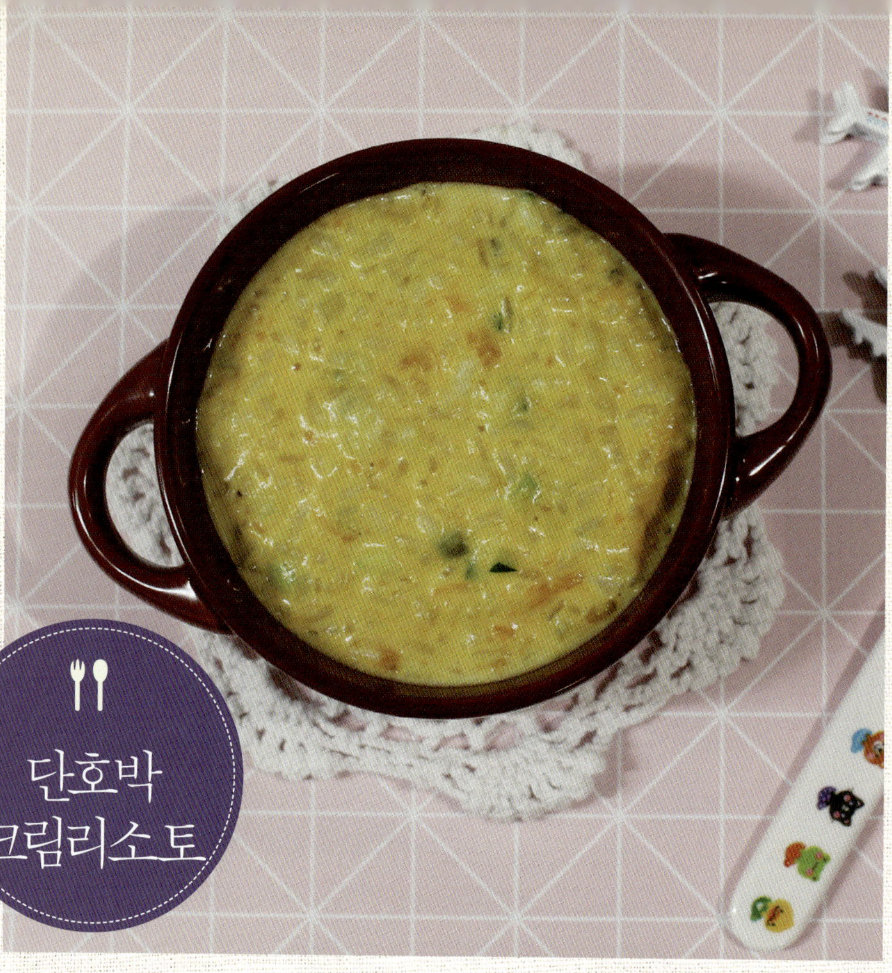

단호박 크림리소토

재료

찐 단호박 100g
자투리채소(호박, 팽이버섯, 가지) 한 줌
밥 1/2공기
물 3큰술
우유 1컵
아기 치즈 1/2장

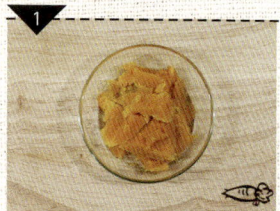

1

단호박을 쪄서 껍질을 벗긴다.

2

물 3큰술을 넣고 다진 채소를 볶는다.

3

우유를 넣고 끓인다.

4

단호박을 넣고 으깨며 저어 준다.

5

단호박이 퍼지면 밥을 넣고 잘 젓는다.

6

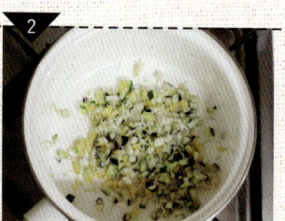

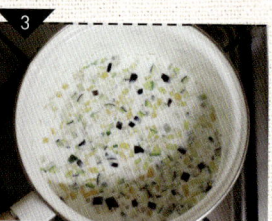

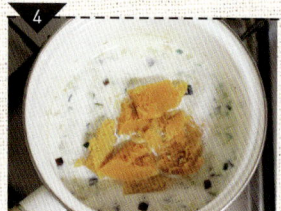

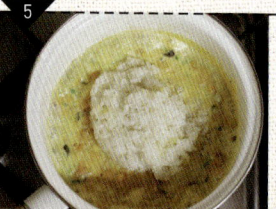

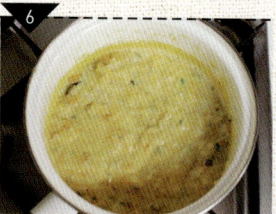

약한 불로 줄이고 치즈 1/2장을 올려 녹을 때까지 젓는다.

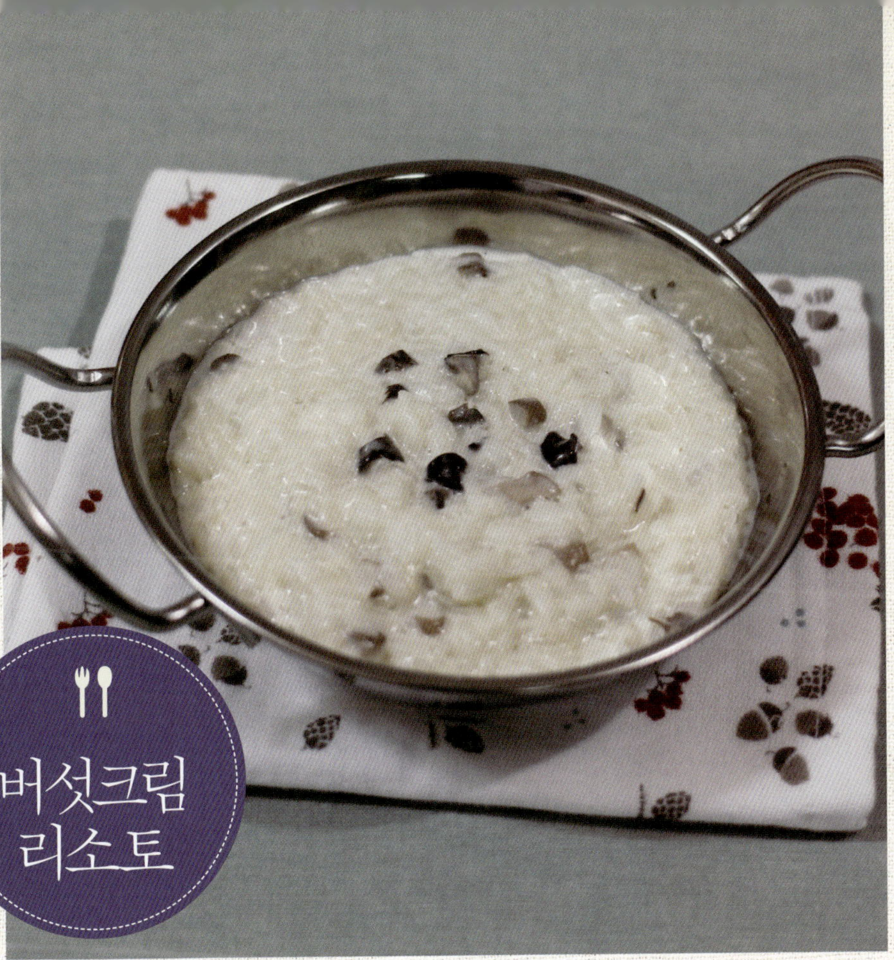

버섯크림 리소토

재료
느타리버섯 한 줌
팽이버섯 한 줌
아기밥 1공기
간장 1작은술
물 50ml
우유 1/2컵
아기 치즈 1장

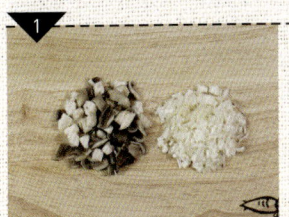

1
버섯은 잘게 썬다.

2
1을 팬에 기름 없이 볶는다. 눌어붙으면 물을 떠 넣는다.

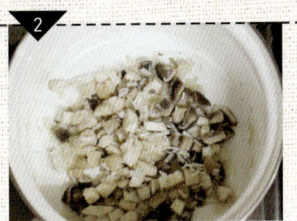

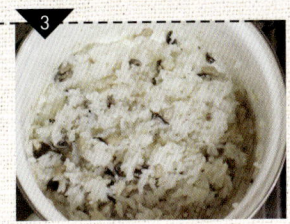

3
밥을 넣고 볶다가 간장으로 간을 한다.

4
물을 넣어 밥을 촉촉하게 볶는다.

5
우유를 붓고 끓이다가 약한 불로 줄여 치즈를 넣고 걸쭉해질 때까지 젓는다.

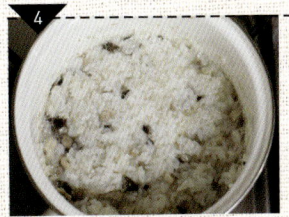

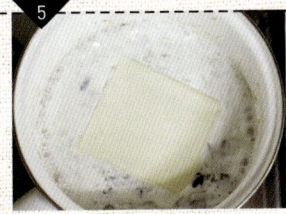

크림파스타

재료.
스파게티면 1/2줌
브로콜리 한 줌
파프리카 한 줌
버섯 한 줌
우유 1/2컵(면이 잠길 정도)
아기 치즈 1장
기름 조금

1. 스파게티 면을 끓는 물에 삶는다.

2. 체에 밭쳐 식힌다.(찬물에 헹구지 않는다.)

3. 파프리카, 브로콜리, 버섯을 작게 썰어 기름 두른 팬에 볶는다.

4. 삶은 스파게티 면을 넣고 뒤적이듯 볶는다.

5. 면이 잠길 정도로 우유를 넣고 끓인다.

6. 치즈를 올리고 걸쭉해질 때까지 저어 준다.(필요한 경우 소금 간을 한다.)

시금치크림 감자구이

재료
감자 1개
데친 시금치 한 줌
우유 1/2컵
아기 치즈 1장
기름 조금
소금 조금

1 감자는 껍질을 벗겨 1.5cm 크기로 깍둑썰기 하고 물에 담가 둔다.

2 시금치는 끓는 물에 데쳐 찬물에 행군다. 물기를 꼭 짜고 1.5cm 크기로 썬다.

3 기름을 두르고 감자를 앞뒤로 굽는다. 소금 간을 한다.

4 감자가 거의 다 익으면 우유를 넣고 한소끔 끓인다.

5 시금치를 넣고 저어 준다.

6 약한 불로 줄여 아기 치즈를 올리고 녹을 때까지 젓는다.

맛간장

요리가 편리한 맛있는 **만능간장**
청정원 햇살담은 자연숙성 맛간장

햇살담은 자연숙성 맛간장은 자연발효 숙성 한 100% 양조간장에
국산과일과 채소(조림볶음용), 해산물과 채소(국찌개용)를 넣어
정성껏 달인 만능간장입니다.